Sous les pavés, la mare !

Janvier-Juin 2015

Info-Débats no.1

Sous les pavés, la mare !

Info-Débats no.1

Janvier-Juin 2015

Couverture : peinture d'Ernest Meissonier, The Barricade 1848,Musée d'Orsay

Présentations des auteurs

Tan-Toan Nguyen, intervenant en droit et économie.

Jean de Covard, éditorialiste spécialiste des questions de géopolitique au Moyen-Orient.

Mohamed Chouker, contributeur spécialiste en sciences politiques.

Édito : Qui sommes nous ?

Le chômage, l'isolement, le déracinement, l'inquiétude de l'avenir : voilà le quotidien de beaucoup de français. C'est en tout cas ce dont nous sommes les témoins révoltés.

Pour notre part, nous voyons ces symptômes comme ceux d'une société en crise – non seulement économique et institutionnelle – mais une réelle crise humaine. L'homme s'active pour la poursuite d'un idéal grandiose : accomplir une œuvre sociale qui dépasse son individualité et qui, sans simplement l'additionner à la multitude, en fait l'une des irremplaçables cellules vitales d'un formidable Léviathan.

Mais aujourd'hui l'homme politique -censé nous représenter – n'est qu'une carcasse impuissante, évidée de toute foi en le Peuple, la Nation et l'état souverain. Sous un simulacre de démocratie, nous avons dévolu nos destins à des personnalités « expertes » dans les matières que ne peut pas comprendre le peuple ou, qui ne l'intéresse pas au fond. « Citoyens » c'est ce dont vous qualifient leurs discours oratoires, mais vous n'êtes au fond pour cette classe dirigeante, qu'une masse, changeante en fonction des circonstances. Parfois contribuables, consommateurs, électeurs voilà les vrais qualificatifs, et il en est d'autres !

Nous pensons que pour vaincre ce double-discours politique, il faut comprendre les rouages que manipulent ceux qui nous gouvernent. Ceci afin d'appréhender les enjeux de coulisse du monde dont nous faisons partie intégrante, sans pour autant tomber dans les thèses complotistes les plus absconses, ou plus dangereux encore, ingérer pleinement la doxa du régime en place.

La revue INFO-DEBATS se veut donc proposer un contenu divers afin, non pas de diffuser une idéologie, mais d'amener le citoyen et le lecteur à une réflexion, celle de la finalité des choses. Lui permettre d'analyser par son propre intellect un fait sous des angles variés afin de ne plus se laisser imposer une pensée qui n'est pas son intime

conviction. « *Peu de personnes savent réfléchir, mais tout le monde veut avoir une opinion* » ironisait Schopenhauer. Il n'avait pas tort. Comment donc voter pour tel ou tel élu en pleine conscience, sans pouvoir saisir – chacun par un effort qui lui est propre – les enjeux économiques, institutionnels, géopolitiques, électoraux, et autres, qui animent notre époque ?

C'est pourquoi nous vous proposons de mener, ensemble, cette démarche quasi-gnostique : renaître par la connaissance.

Toute l'équipe INFO-DEBATS s'efforce de publier, le plus régulièrement possible et sous des formats variés, leurs analyses afin de vous présenter les faits d'actualité sous un angle insoupçonné.

Jean de Covard

Charlie l'imposteur ! (13 janvier 2015)

« Je suis Charlie », et avant « Bring back our girls » ou encore » Clément, ni oubli ni pardon » : les slogans mouchoirs orchestrés politiquement fleurissent à l'orée des crises économiques, institutionnelles pourraient on même dire.

Ces mouvements largement encadrés par le politique et relayés par la presse, traduisent bien la propagande cache-misère par laquelle nous sommes agressés au quotidien.

Si vous n'êtes pas Charlie, vous êtes donc hostile à la liberté d'expression. Impossible donc de pouvoir accepter la nuance dans ce discours politique très « bushien ». Toujours est-il que les dessins de Charb étaient absolument indignes et ignominieux, et toujours focalisés sur ce qu'il est louable de critiquer : le christianisme, l'Islam, Poutine et le FN. Une fausse subversion s'inscrivant parfaitement dans une ligne éditoriale conforme à la liberté d'expression officielle, donc ! Ainsi il faut accepter le « packaging » : soit on cautionne Charlie Hebdo, soit leurs assassins et le « ni-ni » n'existe pas.

Mais si la propagande nazie a eu un large écho dans l'Allemagne des années 30-40, c'est précisément que les discours entraient dans un contexte de relance par l'économie de guerre. Hélas la situation française et européenne en cette matière est désastreuse (chômage, croissance quasi nulle, et risque de déflation), ce genre de politique de l'émotion qui réunit les gens le temps d'une grande parade avec Hollande, Marine, Sarko et une pléthore de personnalités très sensibles à la liberté d'expression (Netanyahu, Bongo, etc.), ne permettra pas de faire taire les contestataires du système en place bien longtemps.

Et après les manifestations du 11 janvier 2015 ayant ameuté 4 millions de personnes (ces chiffres n'étaient d'ailleurs pas contredit par le ministère de l'intérieur pour une fois ?) les problèmes seront-ils résolus ? Les vrais ?

Bien entendu, le chômeur esseulé, le musulman discriminé et le juif apeuré le resteront.

L'attentat contre la France a des causes multiples et ce n'est pas l'Islam ! S'en prendre à l'Islam radical c'est identifier un idiot utile qui permet de masquer un grand malaise qui se ressent dans toutes les composantes de la population française.

Le conflit communautariste est un leurre, mais il permet de prendre des mesures peu onéreuses comme l'isolement des islamistes radicaux et un cyber contre-terrorisme afin de calmer le peu de gens encore sensibles aux manœuvres du gouvernement. Le chômage, notre politique au Moyen-Orient, la surpopulation carcérale voilà les problèmes majeures que l'on cherche à éluder et qui in fine ont un effet désastreux sur le climat politique et social en France. La crise économique et institutionnelle n'est pas finie et c'est pourtant le cœur du mal !

Cet attentat montre une fois de plus notre impuissance non pas contre le terrorisme, mais contre une élite qui assure la défense de la doxa libérale pro européenne et libertaire qu'une frange de la population ne peut que répugner.

Nous ne sommes pas Charlie décidemment et en effet considérons que la liberté d'expression à ses limites comme toutes les libertés.

Jean de Covard

Moyen-Orient : Fin de partie pour les Frères Musulmans

(16 janvier 2015)

Le « Printemps Arabe » a été incontestablement un bouleversement dans le monde arabo-musulman. Il a été, surtout en Occident, l'espoir de voir émerger des sociétés démocratiques et laïques dans cette région du globe, comme s'il s'agissait d'un mouvement naturel des peuples vers une forme plus moderne de société. Outre les états qui se sont complètement effondrés institutionnellement (Lybie par exemple), on a assisté à l'émergence de partis dit islamistes -en particulier les frères musulmans – dont l'existence était contrôlée, interdite voire réprimée sous les dictatures. S'annonçait alors un rude « Hiver islamique ».

Oublions un instant ces slogans de presse et focalisons notre analyse sur les enjeux de coulisse qui s'originent dans ces bouleversements. Si la crise syrienne a été le premier volet d'un formidable jeu de renversement d'alliances qui pourrait nous rappeler l'Europe sous Frédéric II de Prusse la Crise Egyptienne redistribue une fois de plus les cartes, tout en étonnant les analystes.

Responsables ou non de l'éboulement de leur piédestal, les frères musulmans ont prouvé leur naïveté politique, et par la même ont décrédibilisé l'islamisme politique qui vantait l'adage « l'Islam est la solution ».

C'est une noyade en profondeur pour les frères musulmans qui sont martelés en tout lieu. Leur posture d'opposants discriminés – voire torturés – depuis des décennies en Egypte, en Syrie et dans le Golfe, était en passe d'être révolue, annonçant la levée d'une nouvelle force politique dans le Monde de l'Islam recevant l'appui des turcs et qataris, sans oublier leur certaine proximité avec l'axe chiite… La destitution du président Mohammed Morsi issu de la confrérie a été un séisme que même les américains n'ont pas su prévoir.

Il convient donc d'exposer les dénouements de ces événements qui attestent que la fragile stabilité du monde arabo-musulman a été fatalement ébranlée par le printemps arabe.

La déconvenue globale des frères musulmans : les monarchies arabes soulagées

Avant sa chute, le président Morsi en compagnie des cadres du parti et de cheiks saoudiens, haranguera les foules dans des discours hostiles au régime syrien afin de s'attirer les faveurs des partis salafistes (Al-Nour) à l'approche des marches du mouvement Tamarod. Une fois le renversement opéré par l'armée, ce même parti salafiste Nour et les monarchies du Golfe (Hors Qatar) rallieront le gouvernement de transition, et acquiesceront la répression sanglante à l'encontre des frères musulmans qui suivra.

Les composantes des factions proches des frères musulmans subissent depuis une longue série de déconvenues : la mise à mal de l'ASL en Syrie, l'isolement de l'AKP en Turquie et d'Ennahda en Tunisie, ainsi que la perte par le Hamas de ses soutiens sont d'autres faits qui signent une nouvelle mise à mort de la confrérie au Moyen-Orient, au plaisir de l'Arabie Saoudite.

–   Jusqu'en 2011 – et les révoltes « de jasmin » – l'alliance Alger-Doha-Damas faisait contrepoids au puissant axe Riyad-Le Caire au sein du monde arabe.

–   La déstabilisation d'Assad et l'avènement de Morsi en Egypte va reformer les alliances et dessiner un nouvel axe « frériste » regroupant Le Caire-Ankara-Doha qui n'aura de cesse d'inquiéter les Monarchies arabes. Ces deux axes hostiles au régime d'Assas défendront chacuns leurs intérêts propres en Syrie.

–   La chute de Morsi dès 2013 propulse de nouveau Le Caire dans les bras de l'Arabie Saoudite et des Monarchies Arabes ; le Qatar et la Turquie se trouve désormais isolés.

Les Saoudiens, émiratis, koweitiens (et jordaniens) se sont donc trouvés soulagés de la reprise de l'Egypte par l'armée, car les frères musulmans sont considérés par ces royaumes comme un élément déstabilisateur, aussi dangereux que l'Iran. Ces états ont d'ailleurs consécutivement à la chute de Morsi mis à disposition de l'Egypte une aide de quelques 12 milliards de dollars.

Il est important de noter également un « Laissez-faire » saoudien concernant la prise de pouvoir par les chiites houthistes au Yémen, un moyen de rétorsion indirecte à l'encontre du parti *Al-Islah* (issu des frères musulmans) selon certains observateurs du monde arabe. Cette théorie est néanmoins contestée par d'autres analystes qui attribuent cet attentisme à une incapacité des saoudiens à agir pour des raisons structurelles (1).

Un échec américain, une aubaine russe

Le renversement de Morsi ne peut être analysé comme une « manigance » américaine, occidentale ou israélienne comme une analyse trop binaire pourrait le laisser penser. Si l'armée égyptienne, financée à hauteur d'1,5 milliard de dollars par an par les USA – ces fonds auraient été en partie gelés depuis -, a toujours été proche de l'occident et de l'ancien régime, il semblerait qu'elle ait pris de court les chancelleries occidentales.

En effet, les frères musulmans étaient devenus un allié majeur – et contre-nature – des américains au Moyen-Orient. Leur profil néolibéral, leur opposition au régime syrien et surtout leur influence sur le Hamas était autant de points d'impact conformes aux intérêts américains et israéliens. Les frères musulmans égyptiens sous Morsi ne remettront pas une seule fois le traité de paix avec Israël en cause, et obtiendront même un cessez le feu du Hamas ! Le combat pour la Palestine se trouvera muter en combat contre l'ennemi historique d'Israël : la Syrie des Assad.

Les américains semblent avoir misé sur le mauvais cheval donc. Le coup du Général Al-Sissi, conforté par une élection discutable, a donc arrangé comme nous l'avons dit les affaires des Monarchies du Golfe, mais également celles … des russes ! L'administration Obama ayant sévèrement critiqué la destitution du président Morsi, un réchauffement s'est alors produit entre l'Egypte et la Russie : une aubaine pour cette dernière qui lui permet de maintenir une assise stable au Moyen-Orient

Bien entendu, le lecteur peut s'étonner de cette confluence d'intérêt entre ces deux acteurs régionaux (russes et saoudiens) pourtant opposés autrefois sur ce même terrain ; rappelons que l'Egypte nassérienne proche de l'URSS était déstabilisée par les frères musulmans soutenus eux par Riyad. S'ils restent en désaccord sur d'autres fonds aujourd'hui encore (Front en Syrie, surproduction saoudienne de pétrole, ce qui accentue la chute du rouble et la déliquescence de l'économie russe, etc.), toujours est-il que le général Al-Sissi est à la fois aussi bénéfique à l'un comme à l'autre.

Gageons que la répression de la confrérie orchestrée par les Saoudiens, pourrait les faire rentrer de nouveau dans leur traditionnelle clandestinité, mais aussi faire revivre à l'Egypte les années sombres de la Gama'a al-Islamiyya …

Jean de Covard

---

(1)   Laurent Bonnefoy, « Retour des chiites sur la scène yéménite », *Le Monde diplomatique*, novembre 2014.

Comédie divine et humaine (3 février 2015)

« Je suis la résurrection et la vie. Celui qui croit en moi vivra, quand même il serait mort. Et quiconque vit et croit en moi ne mourra jamais ». (Jean XI, 25, 26)

I – Le Royaume de Dieu

Au commencement était Sparte : une société où la hiérarchie, au profit d'une petite minorité et au détriment d'une grande majorité, était fondée sur le sang versé (guerre) et transmis (hérédité). Dans ce monde où la Noblesse et la morale des forts dominaient, c'est Dieu qui occupait le trône : en effet, la religion justifiait l'ordre social établi. La vie sur terre n'est alors conçue que comme une transition avant l'arrivée dans l'au-delà.

II – La chute

Puis vint la victoire des Ilotes. La masse (le Tiers-états) triompha de la race et la religion qui légitimait l'ancien monde fut renversée. Alors Lucifer en révolte contre Dieu apporta au monde les Lumières et incita les peuples à venir se repaître auprès de l'arbre de la connaissance; s'en suivit dès lors guerres et colonisation au nom de l'universalisme et de la prétendue supériorité civilisationnelle de l'Occident. La révolution de 1789 fut le péché originel qui provoqua la dynamique de chute perpétuelle que nous vivons depuis.

III – Le jardin d'Éden

Dans un monde où « Dieu est mort » et où par conséquent l'espoir d'un salut post-mortem est banni, il est normal que les hommes aient voulu l'établissement d'un monde parfait ici et maintenant. Le libéralisme philosophique a mis le bonheur des individus au centre des préoccupations, les totalitarismes du XXe siècle iront encore plus loin en essayant de changer l'homme (par la science et l'endoctrinement), poursuivant en cela l'objectif de la réalisation d'un monde idéal. L'idée d'un paradis terrestre possible remplaça dans les esprits celui du paradis divin.

IV – La mort de l'homme

Mais l'échec du communisme mit fin à ces ambitions. Le communisme n'était pas l'antithèse du libéral-capitalisme mais son frère ennemi : l'un est Caïn, l'autre Abel, ou bien l'inverse. A bien y réfléchir, le communisme ne se distingue du capitalisme que par l'idée que la collectivité solidaire doit primer sur l'individu égoïste, et l'égalité sur la liberté. Pour le reste, ces deux idéologies regardaient dans la même direction, à savoir vers le progrès de la technologie et des sciences, la profusion et la croissance économique, la destruction des États, des frontières et des identités enracinées, l'athéisme etc. Si le capitalisme l'a emporté, c'est qu'il s'est révélé bien plus efficace dans tous ces domaines.

Le communisme aura toutefois légué l'illusion, évidemment fausse, que le bonheur des individus se situe principalement à un niveau matérialiste. Il faudra bien sortir un jour de la matrice de pensée libéral-communiste pour pouvoir comprendre qu'un être humain ne peut seulement se contenter d'une hausse de son pouvoir d'achat ou même d'une plus grande égalité sociale pour se satisfaire.

Quoiqu'il en soit, avec la chute du communisme, c'est aussi l'espoir de voir émerger un « homme nouveau » ainsi qu'un monde paradisiaque terrestre qui fut enterré. Débarrassés de Dieu, et confrontés aux expériences totalitaires sanglantes et cauchemardesques du passé, les hommes se retrouvent face à leur impuissance à pouvoir trouver le « salut commun » en ce bas monde. Seul subsiste alors le système libéral pessimiste du « moindre mal » comme perspective de présent et d'avenir. De ce fatalisme découle le nihilisme contemporain.

V – La résurrection

Pour échapper au nihilisme, il faut faire ressusciter l'Homme et Dieu et les faire cohabiter chacun dans leur sphère. Au premier, il faut redonner la possibilité de maîtrise de son destin et de son être dans les limites toutefois imposées par sa condition et sa nature afin de ne pas voir les tristes expériences de « table rase » du XXe siècle se réitérer; quant au second, il faut l'envisager comme un démiurge dont les intentions demeureront cachées aux hommes et dont la preuve irréfutable de la présence est à trouver dans l'existence des êtres et des choses ainsi que l'ordonnancement incroyablement fonctionnel (des microcellules aux macro-planètes et plus encore) de l'univers.

Après l'âge de la toute-puissance divine, puis celle de « l'homme nouveau », viendra l'ère de l'équilibre des puissances, du règne partagé entre Dieu et les hommes.

Tan-Toan Nguyen

Athènes et Sparte contre l'Empire (5 février 2015)

Tout le monde avait vu Syriza venir et pourtant personne ne le voyait venir. L'élection du parti de la gauche radicale grecque était attendue tant ses avances dans les sondages étaient importantes. Mais ce qui en revanche était difficilement prévisible, ce sont les décisions qu'il a pris depuis qu'il est arrivé au pouvoir.

Tout d'abord, preuve qu'il existe un destin en politique, sur les 300 sièges du Parlement grec, Syriza en a obtenu 149. Il lui en manquait donc deux pour obtenir la majorité absolue. Il aurait pu se tourner vers les socialistes du PASOK ou les centristes de To Potami, tous européistes. Mais c'est sur les « Grecs indépendants » que le choix s'est porté. Cette nouvelle retentissante a été accueillie pour le moins froidement par l'oligarchie. Malgré leurs divergences (sur l'immigration, la laïcité, le mariage homosexuel), Syriza a préféré une alliance, formée autour de la question fondamentale de la souveraineté nationale, avec le parti de droite patriote. Ce sera donc Athènes (Syriza) et Sparte (Grecs indépendants) contre l'Empire. Au-delà d'un signal fort envoyé à la Troïka, il faut également y voir le premier coup de pelle sur la tombe du clivage gauche/droite traditionnel.

Ensuite, le nouveau gouvernement grec a refusé d'apporter son aval à de nouvelles sanctions voulues par l'UE à l'égard de la Russie. Il a par là le mérite de rompre avec la doxa russophobe qui court de manière délirante sur les terres de l'ouest depuis la chute de l'URSS.

Les jeux sont faits, rien ne va plus. La Grèce veut un allègement du paiement des intérêts de sa dette afin d'amorcer une politique de relance budgétaire. Or l'Allemagne se refuse catégoriquement à toute annulation, même partielle, de la dette grecque. Cette situation insoluble peut mener la Grèce à faire défaut. Ces derniers jours, les menaces sont devenues de plus en plus sérieuses. La BCE a en effet décidé de couper les liquidités aux banques grecques qui ne pourront se refinancer qu'à la condition de se soumettre aux règles de la Troïka. Si la Banque centrale grecque choisissait d'émettre elle-même sa propre devise, la Grèce sortirait de facto de l'euro. Les dirigeants grecs sont à un tournant décisif de l'Histoire.

C'est pour cette raison que les États-Unis soutiennent en ce moment la Grèce contre l'Allemagne (malgré le fait que Tsipras se soit relativement rapproché de la Russie depuis son arrivée au pouvoir) car ils ne veulent pas voir la monnaie unique, qui est leur dernière ligne de défense contre la spéculation internationale, tomber. Ce à quoi nous sommes en train d'assister, c'est à une divergence d'intérêts entre les États-Unis et l'Allemagne. Les américains réalisent qu'Angela Merkel, par sa dureté et son intransigeance, est en train de fissurer l'édifice de la construction européenne qu'ils ont toujours vu comme le biais d'une extension de leur sphère d'influence géostratégique.

Le programme de Syriza comportait une contradiction à laquelle Alexis Tsipras se retrouve à présent confronté : il ne pourra mettre fin à l'austérité qu'au prix d'une sortie de l'euro que ni son parti, ni la majorité des grecs ne veulent payer. Les enjeux qui pèsent sur le dos des dirigeants grecs dépassent le destin de leur pays seul. Comme jadis aux Thermopyles, dans cet étroit corridor, c'est aussi le sort de l'Europe toute entière qui se noue. Si Syriza cède, la politique de rigueur perdurera et les peuples ne verront d'autres horizons de changement que dans les partis d'extrême droite. Et à part sous la pression américaine, il est inenvisageable de voir les allemands plier, à fortiori devant une nation qu'ils méprisent.

Ainsi, placée dos au mur, la Grèce n'a que deux options qui s'offrent à elle en ces instants cruciaux : mettre les deux genoux à terre ou refuser de la faire ; continuer à rester le peuple martyr de l'Europe ou bien être celui qui lui montre la voie de la liberté et de la dignité.

Tan-Toan Nguyen

Eurozone : vers un scénario de chute soviétique ?

(7 février 2015)

Et si comme pour l'URSS, la dislocation de la structure de l'eurozone se produisait avec le consentement de son centre névralgique ? Rares moments de l'Histoire où les intérêts de ceux qui tiennent le haut du pavé rejoignent ceux du peuple qui arpente le bitume. La prospective est audacieuse quand on sait tous les avantages que les allemands ont tiré de la monnaie unique – avantages qui ne tenaient pas tant à sa faible valeur par rapport à l'ancien Deutsch Mark qu'à l'effet de menotte qu'elle avait sur les autres pays européens en les empêchant de se défendre contre le rouleau compresseur de l'industrie germanique. Mais celle-ci se tourne de plus en plus vers l'extérieur de l'Union européenne en ce qui concerne ses exportations, et ce d'autant plus que la politique d'austérité imposée de manière inconsidérée (puisque cela revenait selon la formule bien connue à « scier la branche sur laquelle on est assise ») par l'Allemagne à ses partenaires intrazones a asséché la consommation de ces derniers.

Étant donné la pyramide des âges des allemands, ils ont besoin d'avoir une monnaie forte. Or l'euro est en train précisément de connaître une dévaluation par rapport au dollar. Et avec la crise que connaît non seulement la Grèce (1), mais aussi l'Espagne, le Portugal, l'Irlande et demain la France, sera toujours rebattue sur la table la nécessité de l'instauration d'une « Union de transferts » dont l'Allemagne sera bien sûr la première contributrice et qui aura pour conséquence certaine de tuer son économie. On en revient au problème fondamental de l'euro qui est qu'on a voulu imposer une même monnaie à des peuples européens profondément différents.

La Banque Centrale Européenne (BCE) en coupant les liquidités à la Grèce la contraint à ne pouvoir se financer auprès d'elle qu'à travers la procédure dite ELA (*Emergency Liquidity Assistance*) dont la mise en pratique concrète revient aux banques centrales nationales. Par cette décision, Mario Draghi (président de la BCE), sans doute sous l'influence d'Angela Merkel, fait-il autre chose que d'inciter les dirigeants grecs (qui par ailleurs ne le veulent pas) à prendre la porte de sortie de l'euro ? Mais cause de son lourd passé historique, l'Allemagne ne peut pas se permettre qu'on l'accuse de mettre en danger la construction européenne.

Et si l'Allemagne voulait crucifier la monnaie unique mais que comme Ponce Pilate, elle cherchait également à se laver les mains d'une telle responsabilité en la déchargeant sur le dos des grecs qui n'en demandaient pas tant ?

Tan-Toan Nguyen

---

(1)   Tan-Toan NGUYEN, Grèce : Athènes et Sparte contre l'Empire, 7 février 2015.

DAESH, un poison venu d'Occident (12 février 2015)

Les rejetons de l'impérialisme

L'islamisme politique violent a été l'un des meilleurs leviers géopolitiques de l'Occident pour réaffirmer sa domination sur le monde arabo-musulman depuis les années 80. Quelques repères sont essentiels pour comprendre cette allégation.

C'est bien le Shin Bet et l'armée israélienne qui autoriseront par un accord secret le Mujama al-Islamiyah du fameux Cheikh Yassin – qui deviendra à terme le Hamas – à recevoir des financements extérieurs, notamment saoudiens (1). L'objectif ? Scinder l'opposition palestinienne en créant un groupuscule islamiste hostile aux tendances laïques de l'OLP !

De même les USA instrumentaliseront l'Islamisme radical diffusé par les services secrets pakistanais (ISI) pour pousser de jeunes musulmans à mener le jihad en Afghanistan dans les années 80. C'est in fine pour la gloire de l'impérialisme américain que ces moudjahidines iront donner leur vie, sous les drapeaux noirs d'Al Qaida ou des talibans, et défaire le régime socialiste afghan, proche du bloc soviétique.

Plus récemment, une opération ahurissante de *false-flag* a frappé l'Iran. L'auteur ? Le Mossad, se faisant passer pour la CIA, recrutait au Baloutchistan pakistanais des rebelles sunnites du joundallah afin de commettre des attentats-suicide à l'encontre des autorités iraniennes !

Ces quelques éléments non exhaustifs permettent de comprendre l'usage qu'ont fait l'Occident et ses alliés de l'islamisme radical sunnite depuis trois décennies : combattre toute entrave à l'impérialisme occidental, à savoir le nationalisme arabe, le socialisme et l'Axe chiite.

On comprend également que le processus enclenché s'est retourné contre ses concepteurs. L'internationale djihadiste menace aujourd'hui tant l'Occident que les pays arabo-musulmans qui l'ont soutenu jadis, logistiquement, idéologiquement ou financièrement. Les interventions militaires en Afghanistan et en Irak n'ont en rien réduit cette menace, au contraire.

Daesh, Un pur produit marketing ?

Daesh (ou bien ISIS, EI, EIIL ou autre appellation de cette branche schismatique d'Al Qaida) ? D'où sort ce fléau qui fascine tant le monde politique et éditorial occidental ? En effet ce groupuscule bénéficie d'une large couverture médiatique tout à fait artificielle (au même titre que Boko Haram au Nigéria). Le groupe de l'émir autoproclamé al-Bagdadi est présenté comme plus « barbare » et « cruel » que les autres par les commentateurs. Cette lugubre réputation est favorisée dans un premier temps par sa stratégie de communication rodée, mais est également due au fait que la presse et les responsables politiques fixent l'attention du public sur la mode « Daesh », pas uniquement dans le monde occidental ...

En effet, Daesh est vilipendé de manière très sévère par les institutions et personnalités sunnites les plus influentes. Aussi Al-Azhar, l'une des plus prestigieuses institutions de l'islam sunnite basée en Egypte, a appelé par la voie du Cheikh Ahmed Al Tayeb à « tuer et crucifier » les « terroristes » de l'Etat islamique. Cette étonnante déclaration émanant d'une institution traditionnellement considérée comme modérée, rejoint les anathèmes visant Daesh déjà formulés par des muftis radicaux tels Abdel Aziz al-Cheikh (Arabie saoudite) ou encore le très controversé Qaradaoui (Qatar).

Pourtant, Daesh n'est pas le seul groupe qui officie en Syrie.

L'armée syrienne Libre, présentée comme « modérée » et laïque par ses soutiens occidentaux s'est désagrégée. Le Conseil National Syrien, « représentation légitime » du

Peuple syrien, n'a même pas pu devenir un gouvernement apatride de façade tant son influence réelle était faible sur le terrain, et son fonctionnement miné par des guerres intestines, éclats des divergences d'intérêts de leurs « mécènes » saoudiens, turcs, qataris mais aussi français.

La devanture "Daesh" a permis d'agglomérer nombre de groupuscules hétéroclites. Tout d'abord les réseaux affiliés à la confrérie soufie de la Naqshbandiyya, qui formerait la plus grosse partie de l'alliance hostile à Bagdad. En second lieu, les réseaux baasistes ainsi que les tribus sunnites d'Irak, gardant une rancœur viscérale contre le pouvoir chiite qui les a marginalisés après la chute de Saddam, jouent un rôle crucial dans cette bataille. Enfin, il ne faut pas négliger le fait que bon nombre de combattants sont des mercenaires recevant un solde en échange du Jihad. Les groupuscules islamistes radicaux - minoritaires en réalité - sont donc la vitrine d'une propagande visant à distiller la terreur, mais dans les coulisses c'est une intrigue politique extrêmement nocive qui se déroule.

Daesh a certes conquis un large terrain juxtaposant les régions « sunnites » syrienne et irakienne, constitué un trésor de guerre conséquent (grâce au pétrole accaparé, la vente d'antiquités et l'extorsion) (2) et absorbé nombre de militants, sa présence n'est-elle pas surévaluée en comparaison des autres groupes rivaux qui officient plus particulièrement en Syrie ? Outre Al Nosra, franchise d'Al Qaida en Syrie, c'est un important Front islamique regroupant plusieurs dizaines de branches combattantes (jusqu'à plus de 50 mille membres selon les estimations les plus ambitieuses) qui s'est formé avec, pour le coup, un soutien toujours effectif des monarchies du Golfe.

Il est vrai que les décapitations d'otages européens et japonais, les exécutions sommaires de musulmans et de yézidis, et dernièrement la mise à mort atroce d'un pilote jordanien par l'Emirat islamique qui a ému par-delà les frontières, a facilité son hyper médiatisation. Mais croire que les autres groupes de l'opposition syrienne – pour certains soutenus par les coalisés – seraient moins violents est une absurdité évidente dont la presse se fait l'insolente complice.

Un énième échec cuisant de l'Occident

Le développement du Mouvement a rebattu les cartes sur le terrain de manière radicale : Daesh a permis de marquer une scission formelle au sein des djihadistes. Les factions radicales se livrent des batailles très violentes pour gagner de l'influence sur le terrain. Al Qaida/Al Nosra et le Front islamique se sont coalisés par endroit pour combattre Daesh. Remède ou poison ? Tout dépend des intérêts à court terme des acteurs régionaux :

Une Coalition internationale a vu le jour, intégrant les occidentaux et les royaumes arabes très inquiets des dénouements de cette guérilla. Des bombardements de positions islamistes ont lieu régulièrement afin d'appuyer la fragile résistance sur place.

En parallèle et de manière plus officieuse, cela permet à l'Iran de devenir un acteur régional actif. La république Islamique et ses alliés participent aujourd'hui plus ouvertement et avec l'assentiment tacite de la coalition, au soutien des gouvernements pro-chiites syrien et irakien dans leur lutte contre le terrorisme.

Bachar al-Assad restaure son aura en jouant des éclatements de l'opposition et en retrouvant sa stature internationale, notamment grâce au doigté russe. Longtemps a dominé la vision suivante dans le monde occidental : dans le monde arabe c'est la dictature laïque ou le chaos généralisé ; la chute de Kadhafi l'a suggéré, la déstabilisation d'Assad l'a confirmé.

On assiste enfin à la formation d'un vaste front kurde qui reçoit toutes les louanges de l'occident. Contre les barbares de l'EI ont surgit les héros de Kobané tels les moudjahiddines de Massoud d'autrefois. Voilà le discours officiel. Sous cette unanimité de façade on relève d'impétueux jeux d'influence des Occidentaux, des Turcs et des Iraniens, qui ont formé des alliances kurdes antagonistes afin d'assoir leurs influences respectives. L'armement des kurdes ne pose-il pas également à moyen terme, la question de leur indépendance ? Un nouveau conflit sous-jacent qui toucherait alors directement l'Irak, l'Iran et la Turquie …

Quels seront les dénouements finaux de ce drame ? Il serait hâtif de se prononcer, après 3 ans de promesses occidentales sur la mise en place d'un régime « démocratique » post-Assad en Syrie. L'Irak et la Syrie issus des frontières « Sykes-Picot » ne sont plus que des états en nom. Daesh ou quel que soit le nom de la menace, infligera pour encore au moins une décennie une instabilité aux portes de l'Europe.

Une conclusion est néanmoins irréfutable : l'Occident a injecté un poison incontrôlable, et le monde musulman semble être devenu un malade incurable.

Jean de Covard

---

(1)   Andrew Higgins, « How Israel Helped to Spawn Hamas », *The Wall Street Journal*, 24 janvier 2009.

(2)   Rémy Demichelis, « Daesh: une puissante capacité de financement fondée sur le pétrole », 25 septembre 2014.

La réalité sur l'Union européenne (15 février 2015)

Une domination s'exerce par la volonté des dominants et le consentement des dominés. En France, le problème c'est que le peuple n'a pas la juste représentation des rapports politiques et géostratégique dans lesquels son pays est imbriqué. Il serait temps d'appliquer en ce qui concerne la France le concept de « société fermée » en ce que les informations sont filtrées et que les commentaires d'actualité dans les grands médias sont biaisés, si bien que les français comprennent moins ce qui est en train de se produire dans leur propre pays que certains étrangers qui l'observent de l'extérieur.

Pour la plupart des gens, l'Europe est identifiée à la construction européenne, et la construction européenne à l'Union européenne. Mais qu'est-ce que l'Union européenne ?

L'Union européenne est une oligarchie.

L'erreur serait de penser que l'Union européenne est une association libre d'États égaux et souverains. Je ne vais pas relater tous les mécanismes antidémocratiques de l'UE car cela serait trop long. Mais il paraît utile de revenir au fondement : pour qu'il y ait un pouvoir par le peuple et pour le peuple, il est nécessaire qu'un peuple existe effectivement. Or ce que révèle précisément la crise insoluble de la monnaie unique, c'est qu'il n'y a pas de peuple européen. Ce que nous appelons l'Europe est en réalité composée d'une multitude de nations toutes différentes entre elles et qui ont des intérêts, certes parfois convergents, mais également parfois divergents. Ceux qui ont conçu l'euro ont cru pouvoir faire passer la conséquence pour la cause, créer une nation européenne en donnant à tous la même monnaie. C'est ce vice initial que nous payons aujourd'hui tandis que la réalité vient se rappeler aux personnes qui voulaient la nier et continuent de le faire.

Au sujet de la démocratie, rappelons cette phrase prononcée par le Président de la Commission européenne Jean-Claude Juncker : « il ne peut y avoir de choix démocratique contre les traités européens » (1). Entendez par là : « le pouvoir c'est nous et pas peuple ».

C'est bien ce déficit de démocratie et cet éloignement de la représentativité que les français ressentent par instinct et expriment par les forts taux d'abstention lors des élections européennes (2).

L'Union européenne est antisociale.

Loin d'être le lieu d'une protection et d'une solidarité commune, l'Union européenne est un moulin ouvert à tous les vents de la concurrence capitaliste mondialisé et du néolibéralisme. Et l'endroit où la violence économique est la plus dure est la zone euro qui jette les pays qui en sont membres les uns contre les autres dans une guerre hobbesienne de tous contre tous, les plus faibles périssant aux pieds des plus forts. Mais qu'on ne s'y trompe pas : l'euro n'est que l'arbre qui cache la forêt qu'est l'Union européenne. Il ne faudra pas se contenter de la fin de la monnaie unique mais bien brûler le tout.

Ajouter à cela que les choix de politiques publiques faits délibérément par ce qui nous gouvernent sont à l'avantage systématiquement des plus aisés, des rentiers, et au détriment des plus démunis, et plus largement de la classe laborieuse.

L'Union européenne est un empire.

Un empire qui comme tous les empires n'a pas de frontières définies mais mouvantes. Il y a des territoires en cour d'annexion et une ligne de front. Car le conflit en Ukraine ne doit pas être appréhendé autrement que comme une guerre de conquête menée par l'Union européenne afin d'absorber le territoire ukrainien. On nous avait pourtant dit que l'Europe, c'était la paix. Nous aurait-on menti ? Le récent accord signé à Minsk par Angela Merkel n'est rien d'autre qu'un accord de reddition après l'écrasement de l'armée de Kiev dans le Donbass. Triste constat : la paix n'est acceptée par l'Empire que par la défaite des armes.

Qui plus est, l'Union européenne est un empire passé subrepticement depuis plus de dix ans sous la domination régionale d'une Allemagne qui lui impose sa doxa (monnaie forte, rigueur budgétaire, austérité) et conduit de fait les peuples dans une marche forcée vers une paupérisation inéluctable. Au commencement, la construction européenne avait été opérée sous l'hégémonie américaine. Mais il ne faut pas à mon sens concevoir les empires comme des ensembles dominés par un centre qui reste immuable. L'empire romain avait lui aussi connu la division entre Rome à l'ouest et Byzance à l'est. Et Byzance a survécu mille ans après la chute de Rome.

Bien entendu, les États-Unis chercheront toujours à s'ingérer dans les affaires de l'Europe de telle manière qu'on peut parler d'une domination germano-américaine. Toutefois il est à noter que les oppositions de stratégies entre Washington et Berlin existent. Forte de sa puissance retrouvée, l'Allemagne redécouvre les attributs de la souveraineté et se permet de prendre ses distances vis-à-vis de la politique étrangère américaine (Irak, Libye, Syrie), là où nous français ne faisons que nous y soumettre de plus en plus. Nous pouvons observer que les désaccords entre Les États-Unis et l'Allemagne s'expriment en ce moment sur le dossier ukrainien où, prenant acte de la déroute militaire, la Reich Chancelière veut interrompre les combats tandis que les américains veulent non seulement les poursuivre mais même en augmenter l'intensité. On ne peut à ce titre que leur préconiser de retirer le plus vite possible leurs « conseillers militaires » de l'Ukraine avant que celle-ci ne se transforme pour eux en un nouveau Vietnam.

Un empire enfin en voie d'effondrement. Une autre dissension entre les américains et les allemands a lieu sur l'attitude à adopter par rapport à la Grèce. Je disais dans mon précédent article (4) que « les américains réalisent qu'Angela Merkel, par sa dureté et son intransigeance, est en train de fissurer l'édifice de la construction européenne qu'ils ont toujours vu comme le biais d'une extension de leur sphère d'influence géostratégique ». La récente élection de Syriza doit être interprétée comme le soulèvement, pas encore la sécession, d'une province de l'empire. Ce dernier y répondra soit par la répression, soit par le délestage, soir par les deux.

Face à cette entité bureaucratique, oligarchique, antidémocratique, impériale, l'espoir demeure dans une révolte prochaine des peuples européens.

(1)   Jean-Claude Juncker, *le Figaro*, 29 janvier 2015.

(2)   Hugo Dos Santos, « Européennes 2014. La grande victoire de l'abstention », *Courrier international*, 26 mai 2014.

(3)   Michael R Gordon et Éric Schmitt, « U.S. Considers Supplying Arms to Ukraine Forces, Officials Say, *The New York Times,* 1er février 2015.

(4)   Tan-Toan NGUYEN, « Grèce : Athènes et Sparte contre l'Empire », 7 février 2015.

L'Iran, au cœur de la guerre géopolitique et commercial mondiale (14 mars 2015)

L'Iran, pays dépeint de manière âcre et sulfureuse par les personnalités publiques de l'Occident, est en passe de revenir parmi la « Communauté Internationale », malgré le différend existant toujours à propos du dossier nucléaire.

Pourtant, si les responsables iraniens martèlent que leur programme nucléaire est exclusivement à vocation civile, l'idée d'une prétendue volonté de l'Iran de « rayer Israël de la carte » par la force atomique fait toujours son chemin. Cette allégation semble vraiment absurde au regard de la situation géographiquement très proche des deux pays : un tir de missile nucléaire aurait des conséquences directes sur la population iranienne et celle des alliés musulmans de l'Iran, et la réplique des alliés occidentaux serait cinglante. Si acquérir un tel dispositif de défense était l'objectif de l'Iran, ce serait seulement à des fins de dissuasion envers ses adversaires : il n'échappe à personne que les bases américaines fleurissent de part et d'autre des frontières du pays.

Les Israéliens et leurs alliés de circonstance – les monarchies du Golfe – ont senti la « dérive » de l'administration Obama, qui tâtonne de moins en moins prudemment en vue d'un rapprochement avec l'Iran, quitte à se contenter d'un accord sur le nucléaire *a minima*. C'est en quasi impunité que M. Netanyahu, tenant d'un Likoud en pleine campagne électorale, s'est adressé devant le congrès américain – largement républicain – afin de diaboliser une nouvelle fois la République islamique, provoquant l'ire de la Maison Blanche. Rappelons qu'une large majorité des juifs américains sont démocrates, et que l'attitude du premier ministre israélien a pu être mal perçue par cette communauté américaine.

Nous assistons dernièrement à une véritable bataille entre d'une part le congrès et le gouvernement américain, et d'autre part entre républicains et démocrates dans un méli-mélo de tractations et de luttes institutionnelles. Pour l'illustrer : dans une lettre adressée aux dirigeants iraniens, les sénateurs républicains ont averti que tout accord sur le nucléaire devrait être validé par le Congrès, s'immisçant ainsi de façon inhabituelle dans les négociations entre Washington et Téhéran.

D'un point de vue géopolitique, le Moyen-Orient est le lieu où l'expression de » révolution diplomatique » reprend tout son sens : l'Iran est redevenu un acteur régional indiscutable par le fait des circonstances.

Souvenons-nous que depuis 2012, l'Iran et son allié fidèle, le Hezbollah, sont accusés de conforter militairement le régime de Bachar al-Assad « massacrant le Peuple syrien ». Le soutien à la « Coalition syrienne » combattant le régime a été – et nombreux sont ceux qui le clament depuis le début de la crise syrienne – une énième débâcle de la stratégie géopolitique occidentale au Moyen-Orient. L'opposition syrienne s'est mutée en une internationale djihadiste composée de factions rivales (Front islamique, Al Nosra, Daesh), obligeant une Coalition militaire internationale (Occident, Monarchies du Golfe) à se former pour sauver ce qu'il reste des états du Levant.

Aujourd'hui, il est indéniable le « triptyque chiite » est en passe d'être réhabilité, pour le moment de manière officieuse, car il combat en première ligne la nouvelle menace mondiale : DAESH ; bien que la lumière médiatique soit quasi-exclusivement projetée sur les braves peshmergas kurdes, dont certaines factions sont pourtant proches de l'Iran (1). L'Iran marque des points en Syrie et en Irak, et la prise de pouvoir par les rebelles zaydites au Yémen est également certainement appréciée par Téhéran.

Mais c'est sur l'échiquier économique et commercial que les coups sont les plus pernicieux.

Nous savons que l'avènement de la révolution iranienne de 1979, s'en est suivi d'un embargo contre la République Islamique – injuste et disproportionné – imposé par les USA.

Ajoutons à cela que la baisse des cours du pétrole depuis la fin de l'année 2014, due à surproduction voulue par les saoudiens, entrés en guerre contre les producteurs concurrents traditionnels, mais également contre l'industrie du schiste américain selon certains observateurs (2) (les suppositions étant nombreuses et contradictoires à ce sujet), aurait pour effet d'affecter les finances iraniennes. En tous les cas, est à nouveau posée la question du développement des relations irano-saoudiennes – chaotiques depuis la Révolution islamique – qui, semblant pourtant se détendre après l'élection du président Hassan Rohani, pourraient s'envenimer d'avantage ; le président iranien dénonçant un « complot » orchestré par les monarchies du Golfe afin d'affaiblir l'Iran.

Il n'en demeure pas moins que la personne d'Hassan Rohani incarne une volonté, aussi bien populaire qu'étatique, d'un rétablissement à terme d'une relation moins tendue avec l'Occident. Les occidentaux semblent sensibles à cette démarche et s'en réjouissent. Comprenez : l'ouverture programmée d'un marché de 80 millions de consommateurs.

Les tractations commerciales des grands groupes internationaux ont déjà commencé auprès des responsables iraniens. Il y a peu, le Ministre des affaires étrangères français Laurent Fabius, accompagné d'une délégation de patrons du CAC 40 et de responsables du MEDEF, a rendu une visite à leurs homologues iraniens, fait qui a valu un avertissement de la part du secrétaire d'état américain.

Il ne fait plus aucun doute, que les américains désirent garder le vaste marché iranien, comme un pré-carré exclusif, et la France, s'interdisant de commercer avec l'Iran, du fait justement d'un blocus voulu par les USA, pourrait se faire mettre au banc. La filière automobile iranienne est, par exemple, particulièrement courtisée par Général Motors. Le géant américain est entré en contact avec Iran Khodro, qui travaillait jusqu'en 2012 avec Peugeot pour produire des modèles 206 et 405 que le groupe français a cessé de livrer à l'Iran à cause des sanctions imposées à Téhéran !

La campagne d'avertissements politiques ne s'arrête pas là. En 2014, la banque française BNP-Paribas s'est vu infliger une amende record par la justice américaine pour avoir effectué des paiements en dollars dans ce pays, ce qui est illégal depuis le milieu des années 2000. Cela permet de constater, outre la volonté de l'Amérique de faire un exemple à quiconque outrepasse les blocus qu'elle impose, comment l'utilisation du dollar par des agents économiques étrangers lui permet de consacrer aisément l'extraterritorialité de sa réglementation (3).

L'Iran met aujourd'hui en lumière les rivalités discrètes mais vivaces qui existent derrière une unité de façade entre les USA et la France. Il est, à ce titre, toujours amusant de se commémorer la fameuse confession de Mitterrand affirmant que la France subit de la part des américains une guerre économique et vitale « *sans mort apparemment et pourtant une guerre à mort !* » (4). On peut alors s'interroger sur ce qui motive chez le couple Sarkozy-Hollande ce tropisme atlantiste et cette volonté de se montrer plus « américain » que les américains (notamment sur le dossier syrien), sachant bien que les ces derniers ne rendent jamais une main tendue (la jeune Russie d'Eltsine et la Russie poutinienne post-11 septembre l'ont bien compris).

Il n'en reste pas moins que les dirigeants iraniens ont réussi intelligemment à concilier *fortune* et *virtù,* prenant à temps le train circonstanciel en marche, afin de sortir de l'isolement auquel le pays fut condamné. Il semblerait bien que le paria d'autrefois est désormais devenu un courtisé, en tout cas un interlocuteur international inévitable sur la scène orientale. Mais la question essentielle est finalement la suivante : l'Iran parviendrait-il, suite à son ouverture, d'une part, à se protéger des normes libérales instaurées par les institutions du commerce mondial, et, d'autre part mais incidemment, à conserver sa souveraineté, grand acquis de la Révolution islamique ?

Jean de Covard

---

(1)   Allan Kaval, « Les Kurdes, combien de divisions ? », *Le Monde diplomatique*, novembre 2014.

(2)   Matthieu Auzanneau, « Contre-choc pétrolier : les Saoudiens mènent une guerre

des prix contre le pétrole de schiste américain », *Le Monde,* 29 novembre 2014.

(3)   Régis Bismuth, « BNP Paribas : derrière les 10 milliards, l'extraterritorialité américaine », *Libération*, 5 juin 2014.

(4)   George-Marc Benamou, Le dernier Miterrand, Plon, 1997.

Ce qui nous sépare du Front National (21 mars 2015)

L'arrivée de Marine Le Pen à la tête du Front National ne marque pas seulement un changement de style et de communication mais aussi un changement idéologique du parti. En effet, à l'origine, Jean-Marie Le Pen se voulait être un défenseur du néolibéralisme (le « Reagan français »), ce qui était par ailleurs une position inconciliable avec son anti-immigrationnisme étant donné que l'immigration est précisément la conséquence de la politique néolibérale. Marine Le Pen, quant à elle, a adopté un programme économique qu'on pourrait qualifier traditionnellement « de gauche » puisqu'il prône le protectionnisme et la sortie de la logique de la dette entre autres. L'évolution de la sociologie des électeurs du Front National accompagne bien cette transformation : le FN était le parti des classes moyennes, il s'est muté depuis lors pour devenir celui des ouvriers et des jeunes (autrement dit des populations les plus fragiles dans la mondialisation économique).

Un point du programme de Marine Le Pen laisse supposer que le Front National n'a pas encore totalement opéré un changement idéologique salutaire. Je précise que je n'ai rien contre l'idée d'une interdiction de la double nationalité même si je pense qu'il s'agit là d'un signe de perte de confiance dans le modèle français (car si la double nationalité a été autorisée, c'est au fond avec le sentiment que les français qui partageaient une autre nationalité éprouveraient toujours davantage d'attachement pour la France, en raison du génie de sa culture, de son Histoire, de ses paysages et j'en passe). Mais là où je suis profondément en désaccord, c'est quand cette interdiction de la double nationalité telle qu'elle prévue par le Front National fait la distinction entre français d'origine européenne qui auraient le droit de conserver leurs deux nationalités et français d'origine extra-européenne qui seraient à l'inverse contraints de n'en choisir qu'une.

Il y a là rupture du principe d'égalité. Par cette différence de traitement, le Front National fait entendre qu'il n'a pas abandonné une certaine conception communautaire de l'identité française (un comble pour un parti qui prétend lutter contre communautarisme au nom de la République) qui bien qu'elle accepte la diversité considère malgré tout que le peuple français serait par essence blanc et catholique. Et puis sur quelle justification reposerait cette distinction ? Un écart culturel moindre qui faciliterait l'assimilation des uns par rapport aux autres ? Pourtant si la France a en commun avec des pays européens comme par exemple la Pologne ou le Danemark la chrétienté, elle partage avec certaines de ses anciennes colonies du Maghreb et d'Afrique subsaharienne la francophonie.

Il ne faut pas se tromper de combat. L'immigration est une traite négrière contemporaine qui ne dit pas son nom, mais c'est un problème économique avant d'être un problème identitaire. Loin de moi également l'idée de nier les racines de la France qui sont catholiques quoiqu'on en dise. Mais j'affirme que l'identité française est universaliste (contrairement à l'identité allemande ou anglaise), qu'elle est une et indivisible. Cela remonte depuis la Révolution française qui est la concrétisation des philosophies des Lumières et qui veut que ce soit la volonté des membres qui la composent qui forme une nation (c'est le fameux « contrat social » de Rousseau). Cette conception de l'identité française a été réaffirmée lors du conflit à propos de l'Alsace-Lorraine qui a opposé la France à l'Allemagne. Les allemands revendiquaient cette région arguant que les alsaciens et les lorrains étaient de race germanique, ce contre quoi les français soutenaient que peu importe puisque les alsaciens et les lorrains étaient avant tout français par leur simple volonté de l'être.

Le discours idéologique soi-disant sur la tolérance servant à justifier l'immigration de masse cache une réalité bien moins humaniste. C'est là où la naïveté (ou la malhonnêteté) gauchiste rejoint de façon perverse l'intérêt du grand patronat car il s'agit en effet pour ce dernier d'importer sur notre territoire une main d'œuvre à bas prix composée de populations du Tiers-monde fuyant l'extrême misère de leurs pays d'origine. Cette logique décrite est couplée à celle des délocalisations, le raisonnement étant le même, à savoir la recherche permanente de la baisse du coût de production et de la rentabilité maximale.

Néfaste pour la population autochtone qui voit se déverser autant de nouveaux demandeurs d'emploi qui sont pour eux autant de concurrents directs sur le marché du travail, le mécanisme de l'immigration de masse conduit inéluctablement à une baisse générale des salaires, particulièrement dans les secteurs peu qualifiés. C'est ce que certains appellent le « dumping social ». Quant au sort des immigrés, victimes du capitalisme mondialisé, ils sont contraints de se déraciner pour aller exercer une activité sous-payée dans un pays qui n'est pas le leur. Dans ces conditions, est-il possible de considérer sérieusement leur situation comme enviable ? Compris de cette manière, l'immigration telle qu'elle est pratiquée doit être envisagée comme une véritable traite négrière déguisée.

Mais au-delà de l'analyse purement économique, il faut également prendre en compte la problématique de la cohésion au sein d'une communauté. Je ne peux pour ma part souscrire à la vision intégralement économiste qui ne catégorise les individus qu'en tant que consommateurs, producteurs etc. Avec la crise de la monnaie unique, nous sommes bien en train de redécouvrir douloureusement l'existence des peuples et de leurs différences culturelles.

Pour autant, l'immigration ne présente-t-elle que des désavantages ? Ceux qui prônent « l'immigration zéro » citent souvent en exemple le Japon comme modèle. Ils font alors l'impasse sur le fait que le Japon est une île, ce qui n'est pas le cas de la France, et sur la réalité anthropologique nippone qui est beaucoup moins universaliste et ouverte que celle française. Il faut aussi ajouter que l'utilisation de l'exemple du Japon est très maladroit dans la mesure où ce pays connaît un désastre démographique puisque d'ici 2050, c'est environ quarante millions de japonais qui devraient tout simplement disparaître. A l'étude de ces éléments, il est donc impossible de conclure que la solution japonaise est transposable de quelque manière que ce soit. La démographie des pays développés est ainsi faite qu'elle tend, symptôme de l'individualisme des sociétés occidentales, à décliner. Or la France est précisément dans une dynamique inverse grâce en partie à son immigration qui lui permettra d'échapper à l'extinction de sa population à terme.

L'immigrationnisme est catastrophique et la doctrine de « l'immigration zéro » est stérile. Ainsi, plutôt que d'adopter l'une ou l'autre des positions, c'est l'esprit du patriotisme et les leviers de l'assimilation qu'il faut restaurer pour que la France vive.

Tan-Toan Nguyen

Le Traité transatlantique de libre-échange : un cataclysme silencieux (26 mars 2015)

Le traité transatlantique de libre-échange, dit « APT » (ou encore « GMT », « TTIP », « TAFTA », c'est selon), fait l'objet depuis 2013 de négociations très opaques entre la commission européenne et les USA. Pourtant, si peu le connaissent aujourd'hui, beaucoup le craindront demain.

Les élections européennes en 2014 ont été l'occasion de mettre, un court instant, l'existence de cette inquiétante réalité à la connaissance des européens, mais de manière superficielle.

A l'occasion d'une consultation organisée en 2014 par la Commission européenne, 150 000 citoyens se sont exprimés négativement sur le traité APT en négociation entre l'Europe et les Etats-Unis. Sans remettre en cause cette opposition citoyenne, la Commission maintient cependant le cap de la négociation (1) (2).

.

Dans le débat public français, ce projet d'ampleur est globalement discret, Hollande le défend officiellement avec enthousiasme (3), l'UMP et le PS restent divisés à ce sujet, le Front National ou le Front de gauche sont fermement opposés à celui-ci (4).

Concrètement, l'APT se veut être une réactualisation du projet d'accord multilatéral sur l'investissement (AMI) négocié entre 1995 et 1997 par les vingt-neuf Etats membres de l'Organisation de coopération et de développement économiques (OCDE), et qui était jusque-là resté dans les tiroirs. Remises à l'ordre du jour, les négociations devraient théoriquement aboutir en 2019.

Dans un article du « Diplo », Lori M. Wallach nous en livre une description édifiante : *« L'accord de partenariat transatlantique [...] prévoit que les législations en vigueur des deux côtés de l'Atlantique se plient aux normes du libre-échange établies par et pour les grandes entreprises européennes et américaines, sous peine de sanctions commerciales pour le pays contrevenant, ou d'une réparation de plusieurs millions d'euros au bénéfice des plaignants »* (5).

Les défenseurs de ce traité y voient un moyen de pousser les Etats hors de leur passivité économique, sans doute toujours l'esprit imprégné des vieux mythes considérant que le libéralisme sans frontière est gage de paix et de développement pour les peuples, voire l'application d'une loi naturelle. La Commission Européenne et ses adeptes brandissent des chiffres très optimistes au sujet des effets de l'APT sur l'économie européenne (un gain de 545 euros par ménage et par an ou de 0,5 point de croissance par an), comme si les prévisions des organismes politiques et financiers avaient encore une entière crédibilité depuis ces dernières années.

Nous pensons malheureusement que les grands groupes industriels et financiers exercent un lobbying acharné afin que les Etats s'enchainent à une zone de libre-échange sans précédent, comprenant plus de 800 millions de consommateurs !

Une mise à mort de la souveraineté des Etats

La politique commerciale commune étant une compétence exclusive de l'Union européenne (Art. 3 du TFUE), les États membres ne peuvent pas traiter directement et souverainement avec les États-Unis d'Amérique concernant l'APT et sont donc contraints de déléguer ce pouvoir à la Commission européenne qui l'exerce au travers d'un mandat de négociation.

La France ne peut donc que formuler des propositions parlementaires à destination de la Commission Européenne, afin de l'enjoindre de négocier avec « prudence ». La proposition en date du 10 avril 2014, formulée par quelques élus de gauche, dont le préambule est d'une perspicacité édifiante, nous éclaire sur les véritables enjeux de ce traité et démontre la pleine conscience des élus de leurs actes :

« L'idée de partenariat est avant tout défendue par les États-Unis d'Amérique qui y voient une façon de réduire l'excédent commercial de l'Union européenne à leur égard et de rapatrier ainsi des emplois sur leur sol ».

« La philosophie qui sous-tend ces négociations est simple. Il s'agit de créer un grand marché transatlantique déréglementé en substituant aux lois votées par les Parlements, seules garantes de la démocratie, la volonté et les intérêts des opérateurs économiques, en particulier ceux des grandes firmes transnationales qui ont le plus ouvertement œuvré pour l'ouverture des négociations. »

Les extrémistes de la pensée de Von Hayek seraient-ils prédominants aujourd'hui dans les groupes de décisions politiques ? Toujours est-il que cette déréglementation, ultralibérale et globalisée, permettrait de court-circuiter définitivement tout planisme étatique, qui entraverait le « bon fonctionnement » du commerce mondial.

Une transformation radicale de notre environnement économico-juridique ?

Comprenons que l'économie mondiale est au-delà d'un conflit commercial, une bataille juridique opposant notamment les normes civilistes romaines aux normes anglo-saxonnes, radicalement différentes aussi bien sur les règles procédurales que sur leur libéralité (6).

Sur ce terrain, il existe un risque majeur. L'Europe pourrait en effet se voir assujettie à des législations moins fermes calquées sur celles qui existent de l'autre côté de l'atlantique. Les défenseurs du traité allèguent pourtant que l'Europe bénéficie d'un large excédent commercial, et donc d'une position de force pour imposer ses conditions dans le cadre de la négociation en cours. Toujours est-il que, dans tous les domaines, une incursion normative américaine pourrait avoir des effets désastreux sur les fondations économicosociales du vieux continent.

Les menaces pesant sur notre système législatif sont régulièrement énumérées par les opposants à l'APT – parfois illustrées de façon caricaturale – et se focalisent principalement autour des axes indiqués ci-dessous :

–   social : le traité obligerait les états à minimiser les acquis sociaux et libéraliser le droit du travail (simplification du licenciement par exemple, etc.);

–   sanitaire et agroalimentaire : le marché européen serait ainsi inondé de bœuf aux hormones, de poulets traités aux chlore ou encore de produits OGM;

–   Environnemental et climatique : les pays pourraient être contraints d'ouvrir leur territoires nationaux à l'industrie du schiste et donc à autoriser la fracturation hydraulique aujourd'hui interdite en vertu du principe de précaution.

Ce pourrait être également la fin des réglementations corporatistes visant à protéger les monopoles des professions règlementées en France. En effet, même au cours du débat parlementaire concernant la très controversée loi Macron – une prémice timide de libéralisation (autant le dire pour ceux qui ne connaissent pas encore l'APT!) – les défenseurs du « modèle français » ont formulé leurs inquiétudes des conséquences de l'APT sur celui-ci (7).

Stratégies juridiques d'accaparation de fonds publiques

La mesure la plus inquiétante est probablement celle qui vise à mettre en place des instances arbitrales internationales garantissant aux investisseurs la bonne application des lois du commerce.

Ces tribunaux privés, qui existent déjà dans le cadre d'autres traités de libre-échange (ALENA par exemple) (8), sont composés de juristes internationaux (un monde très fermé), payés grassement, jugeant des affaires en dernier ressort, donc sans possibilité d'invalidation de la décision par une juridiction supérieure (9). Aucun contrôle démocratique et institutionnel n'étant exercé sur ces décisions, formuler de vives inquiétudes sur l'impartialité et l'indépendance des arbitres nous parait évidemment légitime.

Les multinationales pourraient donc assigner devant ces juridictions, en leurs noms propres, un pays signataire dont la règlementation aurait un effet restrictif sur leurs investissements locaux. Ainsi, l'Etat serait contraint de modifier ou d'abroger une loi contraignante sociale, fiscale, sanitaire ou environnementale par exemple, au risque d'être condamné à de lourdes sanctions pécuniaires. La pratique des arbitrages montre qu'il n'existe pas de limite au montant des condamnations, qui sont absolument colossaux. Certains Etats chercheront à recourir à des conciliations pour éviter une réparation trop excessive, mais cela implique qu'ils payeront l'addition tout de même !

L'on peut donc craindre le développement de stratégies juridiques des grands groupes qui pourraient avoir pour objet de chercher à piocher directement dans les finances souveraines, savoir, les impôts des particuliers, plutôt que de réellement investir.

Ce système « investisseurs contre Etats » existe depuis près de soixante ans, mais était jusqu'alors peu utilisé. Sur les quelque cinq cent cinquante contentieux recensés à travers le monde depuis les années 1950, 80 % ont été déposés entre 2003 et 2012. Une généralisation de ce procédé semble donc se profiler avec l'assentiment de nos représentants.

L'APT, une simple pierre à l'édifice

Le traité transatlantique n'est qu'une partie d'un ensemble de mesures visant à consacrer et imposer l'ultralibéralisme au monde, et ce à toute échelle et dans tous les domaines. D'autres traités globaux sont négociés dans la plus pure obscurité par les opérateurs économiques et étatiques.

Le Partenariat Trans-Pacifique (« PTP », ou « TTP » selon l'acronyme anglais), est l'ambitieuse version américano-asiatique de l'APT, qui inclurait les pays de l'ALENA, des pays latino-américains et une partie du pacifique asiatique et australien (10). Il viserait également à développer le libre-échange dans les domaines des biens et des services, la propriété intellectuelle, les normes sanitaire, etc. La Chine consciente du danger de cet accord, a projeté une contre-initiative, le « RCEP », visant à englober une partie de l'Asie pacifique, l'Inde et peut être la route de la soie afin de contrebalancer la potentielle hégémonie commerciale américaine dans la zone (11).

L'accord sur le Commerce de Services (« ACS », ou « TISA » selon l'acronyme anglais), visant à raviver un ancien projet, est actuellement négocié par certaines des grandes puissances occidentales et des BRICS (une cinquantaine d'états en tout) (12). Un rapport accablant dressé par l'Internationale des Services Publics énonce que l'ACS « *s'inscrit dans cette nouvelle vague inquiétante d'accords commerciaux et d'investissement, reposant sur des pouvoirs juridiquement contraignants qui institutionnalisent les droits des investisseurs et interdisent toute intervention des États dans un large éventail de secteurs indirectement liés au commerce* » : cet accord subvertit donc le concept même de service public au profit des entreprises privées (13).

Nous pourrions encore évoquer l'Accord commercial Anti-Contrefaçon (« ACTA »). Cette convention, largement occidentale, vise à protéger les agents économiques contre tout type d'atteintes aux droits de propriété intellectuelle, qu'il s'agisse de brevets, du droit d'auteur, du droit des marques, couvrant ainsi les produits contrefaits, certains médicaments génériques mais également les infractions au droit d'auteur sur Internet.

Ces grands ensembles commerciaux et normatifs viseraient donc à abattre ce qu'il reste de souveraineté étatique (lois, frontières, impôts, douanes, etc.), afin d'assujettir totalement la sphère économico-politique mondiale à la volonté des détenteurs du capital financier. Une simple observation géographique, nous permet tout de même de constater que le centre névralgique de ces dispositifs quasi-planétaires n'en reste pas moins les USA.

L'arrivée de ces cataclysmes quasi-eschatologiques, hâtés par des représentants que nous n'avons pas élus, ne peut que nous faire méditer sur les limites du système dit « démocratique » que nous louons contradictoirement, envers et malgré-tout. Nous répondra-t-on que l'auto-aliénation est un gage de souveraineté?

Jean de Covard

---

(1)   Elisabeth Schneiter, « Les citoyens européens consultés rejettent massivement la clause d'arbitrage du traité transatlantique de libre échange », *Reporterre,* 16 janvier 2015.

(2)   James Crisp, « L'opinion publique vent debout contre la clause d'arbitrage du TTIP », 15 janvier 2015.

(3)   Laura Raim, « Grand marché transatlantique : les tergiversations du Parti socialiste », *Le Monde diplomatique*, 20 mai 2014.

(4)   Geoffroy Clavel, « TTIP: qui est pour et qui est contre le traité de libre-échange UE/USA », *Le Huffington Post*, 19 juin 2014.

(5)   Lori M. Wallach, « Le traité transatlantique, un typhon qui menace les Européens », *Le Monde Diplomatique*, novembre 2013.

(6)   Cyril Laucci, « Quand le droit anglo-saxon s'impose », *Le Monde diplomatique*, avril 2014.

(7)   Léo GUITTET, « Le débat sur la loi Macron continue sur les professions réglementées », 11 février 2015.

(8)   Manuel Perez-Rocha et Stuart Trew, « Ces merveilleux traités qui transfèrent le pouvoir des États aux multinationales », *Reporterre,* 25 janvier 2014.

(9)   Benoît Bréville et Martine Bulard, « Des tribunaux pour détrousser les États », *Le Monde diplomatique*, juin 2014.

(10)   Martine Bulard, « Libre-échange, version Pacifique », *Le Monde diplomatique*, novembre 2014.

(11)   Régis Soubrouillard, « Traité transpacifique : un partenariat "mort-né" ? », *Marianne,* Jeudi 11 Décembre 2014.

(12)   Raoul Marc Jennar, « Cinquante États négocient en secret la libéralisation

des services », *Le Monde diplomatique,* septembre 2014.

(13)   Scott Sinclair et Hadrian Mertins-Kirkwood, *L'ACS contre le service public*, 29 avril 2014. Document consulté sur le site du magazine *Marianne* : « Vous avez aimé le traité transatlantique ? Vous adorerez le TISA ! », Article de Régis Soubrouillard dans *Marianne* le 25 juin 2014.

Balayons la loi Macron ! (2 avril 2015)

En préambule à cet article, je dois préciser que je ne me livrerais pas ici à une analyse dans le détail de toutes les dispositions antisociales contenues dans la loi Macron puisque mon souci de concision et de clarté m'en empêche. Car il faut le dire, la loi dite « pour la croissance, l'activité et l'égalité des chances économiques » est un foutu sac de nœuds qu'il est nécessaire de démêler avec parcimonie si on veut que le peuple puisse y voir quelque chose. Je me limiterais donc à éclairer la loi Macron sur trois de ses axes qui suffisent seuls à susciter l'indignation la plus profonde.

1 - D'abord les privatisations prévues. Sont concernés entre autres le Groupement industriel des armements terrestres, de même que deux aéroports (ceux de Lyon et de Nice) (1).

2 - Le travail dominical. Sur ce point, ce qu'on peut dire, c'est que d'un point de vue économique, cette prescription est pour le moins contestable dans la mesure où on voit difficilement avec quoi les français iront consommer dans les commerces ouverts alors que l'Europe toute entière est plongée dans la rareté monétaire. Simplement ce que les français achèteront le dimanche, ils ne l'achèteront pas le vendredi ou le samedi suivant. Il eut été plus judicieux que le gouvernement concentre ses efforts sur un objectif de croissance et de sortie d'austérité.

Nos adversaires nous argueront que le travail dominical s'opérera sur la base du volontariat. Or ceux qui ont connu un tant soit peu le monde de l'entreprise savent que la volonté du salarié est dans la plupart des cas dictée par celle du patron.

3 - Enfin la possibilité de conventions signées entre l'employeur et l'employé dans le cadre du droit civil, en écartant la protection du Code du travail. C'est Emmanuel Macron lui-même qui résumera le mieux la situation en énonçant devant un parterre de patrons américains à Las Vegas (sic) que « les entreprises pourront contourner les règles de travail

rigides et négocier directement avec les employés ».

Mais au-delà de son contenu, si on évoque le fait que le projet de loi a été adopté sans débat ni vote au Parlement en application de l'article 49-3 de la Constitution (article dont François Hollande disait auparavant qu'il s'agissait d'une « brutalité » et d'un « déni de démocratie » (2), il y aurait de quoi passer carrément de l'indignation à la révolte. Ce qu'il y a d'encore plus scandaleux, et que peu nous diront, c'est que cette loi a été faite sous le joug de Bruxelles qui exige de temps à autre de la part des États nationaux une offrande allant dans le sens d'une plus grande libéralisation. A ce titre, le président de la Commission européenne, Jean-Claude Juncker, déclarera au micro d'Europe 1 en parlant de la loi Macron que c'était « une démarche qu'il convient de saluer » (3).

On arrive là au point décisif. La loi Macron est-elle importante par son contenu ? Oui, sans aucun doute. Mais nous aurons l'audace d'affirmer que sa portée symbolique est davantage significative. Car la politique est autant une affaire de totems et de symboles que de substance. Si on tire sur la ficelle jusqu'au bout on s'aperçoit que cette loi est antisociale, antidémocratique et qu'en dernière instance c'est l'Europe qui est derrière. En ce qui nous concerne, nous nous devons d'interpréter ce malheur qui nous frappe comme une aubaine en ce qu'il nous fournit un catalyseur de notre mécontentement qui nous permet de nous rassembler afin de nous soulever contre ceux qui nous dominent. Les français étaient quatre millions à défiler derrière François Hollande le 11 janvier dernier. Combien seront-ils à manifester, mais cette fois-ci contre le Président de la République et son gouvernement ? Par cette interrogation, c'est l'intelligence et le courage des français qui est mis à l'épreuve.

Ainsi, d'une pierre, faisons deux coups. Profitons-en pour balayer la loi Macron et, à travers elle, l'oligarchie européiste d'un même mouvement d'insurrection populaire.

Tan-Toan Nguyen

(1)   Jean-Luc Laurent, « Loi "Macron": privatisation des aéroports de Nice et Lyon »,
16 Février 2015.

(2)   Jim Jarrassé, « Hollande en 2006 : «Le 49-3 est une brutalité, un déni de
démocratie», *Le Figaro*, 18 février 2015.

(3)   Gabriel Vedrenne, « Juncker : la France fait des "efforts pas suffisants" sur le
déficit », 19 mars 2015.

Les mass medias français : vers l'uniformité radicale

(13 avril 2015)

Opposer l' « immonde » au « Figaréa'c » a quelque chose de superflu. Une tendance à l'uniformité se retrouve hélas dans toutes les formes de médias (web, papier, télévisuel, radio), quelle que soit leur affiliation politique, ou le groupe auquel ils appartiennent. Il convient de faire un tri des informations qui nous inondent, les recouper, les vérifier ; la rigueur et l'impartialité faisant souvent grandement défauts, c'est parfois même le mensonge qui se profile.

Mais ce postulat n'est pas nouveau, ni spécifique à la sphère médiatique française d'ailleurs. « *Si vous n'êtes pas vigilants, les médias arriveront à vous faire détester les gens opprimés et aimer ceux qui les oppriment* » disait Malcolm X.

Ode à la surenchère

Les chaînes d'information en direct rivalisent dans la surenchère de façon à en devenir caricaturales. BFM et I-télé – l'exemple-type – se proposent de donner toujours plus d'images, de vidéos, de sensationnel afin d'attirer le chaland. Ces méthodes de scoops agressifs ont d'ailleurs valu à ces deux TV des critiques acerbes de la part de l'opinion publique, notamment lors des prises d'otage de l'hyper-casher et du musée du Bardo début 2015. Mais finalement regarder l'une ou l'autre de ces chaînes est absolument indifférent, vu la conciliation tacite qu'il existe entre elles pour se concentrer sur un seul et unique fait, de le rendre incontournable jusqu'à l'indécence (chute de l'A380 de la Germanwings en mars 2015 par exemple). On est asséné d'images-choc, mais finalement a-t-on réellement appris quelque chose de substantiel ? Certes, non.

Chaque plateforme propose ses experts et ses analystes afin de décortiquer les petites phrases politiques et d'en faire une « polémique » colossale. Créer artificiellement des sujets de discussion inutiles, anecdotiques, est un grand trait des surenchères du massmédia français, particulièrement dans les débats politiques. On se rappelle que la croisade de Valls contre Dieudonné en début d'année 2014, qui a retenu l'attention quasi-exclusive des éditorialistes, avait pour but de focaliser l'attention du public sur autre chose que les chiffres désastreux du chômage annoncés concomitamment. Décidément, la polémique supplante l'information, et à ce jeu les journalistes manipulent la masse autant qu'ils sont eux-mêmes manipulés.

D'ailleurs, le contribuable français finance en partie la presse papier réactionnaire qu'il rechigne pourtant à lire. Comme le développe Sébastien Fontenelle dans son ouvrage « *Editocrates sous perfusion* » (Editions Libertalia), les journaux et magazines notoires publient régulièrement de longues exhortations à réduire les finances publiques, et dénoncent « La France des assistés », mais reçoivent ironiquement des aides étatiques pouvant aller jusqu'à 12% de leur chiffre d'affaire. Ces millions d'euros de dépense publique n'ont d'ailleurs que peu d'effets sur la crise structurelle qui touche la presse écrite depuis quelques années.

Le média, l'épître du commerce

Regarder un média télévisuel est aujourd'hui une réelle perte de temps. Périodiquement, les journaux télévisés nationaux sont consacrés aux éternels « marronniers » de la saison (ouverture des stations de ski, des plages), alors si un intérêt commercial est certes bienfaiteur, on peut se demander si c'est bien le rôle du média de promouvoir des intérêts économiques. Dans la presse web, mais également papier (et plus particulièrement les magazines hebdo), les « native ads » (contenus promotionnels intégrés dans de l'éditorial) se sont développées depuis quelques années sur les modèles américains. Certains de ces articles sont directement rédigés par l'annonceur et imbriqués dans les articles « journalistiques » du magazine.

Le média est au final une société de nature commerciale qui a vocation à diffuser un contenu promotionnel, bien au-delà des publicités traditionnelles. Il est même parfois, si l'on peut dire, l'agence de communication du groupe auquel il appartient. Lire, il y'a peu, dans le Figaro (groupe Dassault), un éditorial tentant de démontrer pourquoi l'Egypte a un impérieux besoin de Rafales, prête à sourire .Regarder le 20h de TF1 consacrer un reportage au lancement d'un nouveau jeu à gratter « Koh Lanta » (émission TF1) par la FDJ devient révoltant. La liberté de la presse n'existe pas vis à vis du capital financier (au sens « léninien » du terme). Mais dire cela n'a rien d'inédit ; déjà en 1911, Francis Delaisi écrivait dans « *La guerre qui vient* » que la grande presse était à la solde des grands industriels et financiers de son temps.

Cette hyper-concentration des médias empêche en effet toute réelle indépendance. Chaque support est détenu par un ou plusieurs actionnaires déjà en possession d'un groupe de presse, et bien souvent également industriels (Lagardère, Bolloré, Bouygues, Dassault, Niel, etc.). Début 2015, le Groupe plurimédia Roularta a par exemple bradé ses magazines L'express, L'expansion, etc. à Patrick Drahi, dirigeant de Numéricâble-SFR et déjà détenteur de Libération et I24 (1). Ce fort maillage capitalistique direct et indirect au sein des entreprises de presse a fait l'objet d'un rapport s'en inquiétant en 2005 (certes daté), mais la tendance n'a pas changé depuis.

Mais, il est malgré tout nécessaire de soulever un paradoxe assez délicat à traiter : celui de l'indépendance et du fonctionnement structurel du média. Qu'il tire sa subsistance d'un financement privé ou public, on sera tenté de dire que cela porte forcément atteinte à son autonomie, d'autant plus qu'une dissidence de la pensée parait difficile à mener sans capital de départ. Nous pensons néanmoins que les lois contre la concentration dans les médias qui datent des années 80 doivent être réactualisées et renforcées, alors que la direction envisagée par le législateur tend au contraire à l'assouplissement (2).

Vers une uniformité radicale

L'actualité est en réalité faite au gré des flux de dépêches AFP et Reuters, très vites relayées sur la quasi-totalité des sites d'information en ligne. Mais l'information en directe revêt alors un caractère très politique : tel ou tel fait mérite-t-il une dépêche ou un gros titre, voire aucune ligne ? L'actualité n'est pas commentée, mais bien souvent créée. Les sujets des unes font croire à un fait nouveau et inédit, mais tout se répète : Le Figaro titrait déjà en 1985 « *Serons-nous encore français dans 30 ans* », une Marianne « berbère » en image de fond. Le danger de l'Islam est *Le* grand thème du magazine commercial en manque d'inspiration.

Sur le fond, cette uniformité se retrouve surtout sur deux points : l'Europe et la politique internationale de la France ! L'Union européenne et la zone euro sont des prophéties indiscutables dans les médias français, au risque, pour celui qui n'est pas convaincu de cela, d'être traité de « nationaliste ». Le protectionnisme a mené à la crise économique et politique des années 30, voilà le leitmotiv. Sur la politique internationale, gauche comme droite, et leurs médias affiliés, parlent d'une seule et même voie : celle du suivisme inconditionnel de la politique des américains. Critiquer Poutine, défaire Assad, railler Merkel, bref, s'en prendre à ceux qui incarnent encore quelque chose. Ceux qui refusent de s'autocensurer, risquent un anathème public proféré par leurs pairs (Zemmour ou Siné entre autres).

Les médias diffusent également une doxa de la pensée en matière économico-politique. Faisant croire à une montée des « extrêmes », on ostracise en réalité des mouvements réformistes loin de représenter un danger pour la doxa libérale en place. Mélenchon et les siens, keynésiens dans l'âme, forment l'« extrême gauche » qui n'a rien à voir avec un danger rouge. Marine et consorts, reprenant également des thèses d'inspiration keynésienne telles que le protectionnisme ou la dévaluation monétaire, incarnent l' « extrême-droite ». Le FN, taxé au surplus de ne pas être un « parti républicain » (ce qui ne veut juridiquement et moralement rien dire), n'est en réalité qu'une branche réformiste qui n'est en rien antisémite (mais justement profondément sioniste (3), ni réellement europhobe, contrairement aux idées reçues. In fine, le discours politico-médiatique a tué l'extrémisme, justement en le pointant sur des mouvances en réalité parfaitement intégrées au jeu politique français. Nous notons par ailleurs que le keynésianisme est devenu un « fanatisme » que ne peut supporter le couple libéraux/socio-démocrates.

Enfin, nous ne pouvons que nous lamenter sur le fait que les grands sujets soient peu traités par la presse, voire éludés. Par exemple, à l'heure ou le Mass Média se focalise sur la loi Macron et ses suites, seul le Monde diplomatique s'échine à mener une véritable croisade didactique contre le très discret traité transatlantique, d'une ampleur pourtant bien supérieure. On fait l'herméneutique des annonces ministérielles ou des « mesurettes » prises par décret ou ordonnance, mais l'analyse du concret est fondamentalement délaissée. Lorsque le cataclysme s'est produit, on se questionne alors sempiternellement sur le fait de savoir si nous avons été les victimes d'un mensonge politique ; en tous les cas, le média en aura été l'odieux complice.

Jean de Covard

---

(1)   Enguérand Renault, « Patrick Drahi rachète *L'Express-L'Expansion* pour moins de 10 millions », *Le Figaro*, 9 janvier 2015.

(2)   Grégoire Poussielgue, « Le gouvernement veut réformer les régles anti concentration dans les médias », *Les Échos*, 13 novembre 2014.

(3)   Saïd Mahrane, « Marine Le Pen fait la cour aux juifs », *Le Point*, 3 décembre 2011.

Grèce : où en est-on ? (21 avril 2015)

Où en est la Grèce depuis l'arrivée du parti de la gauche radicale Syriza au pouvoir ? En réalité au même point, si ce n'est que la nécessité du choix se fait de plus en plus pressante. La posture du maintien du statuquo est de plus en plus intenable tandis que les banques grecques entrent dans une crise de liquidité qui trouve son origine dans la volonté que la Banque centrale européenne a de forcer les dirigeants grecs à abandonner leur programme de relance (1). Dans ce cas-ci, il faudrait inverser la maxime de François Mitterrand en affirmant qu'on ne reste dans l'ambiguïté qu'à son détriment. Car il est d'abord utile de rappeler la gravité d'une crise de liquidité. Pour ceux qui ne sont pas au fait de l'économie, cela renvoie à la situation où les gens se présentant au distributeur de billets afin de retirer de l'argent ne le peuvent plus car les banques sont à sec. Les échanges économiques s'en trouveront alors entièrement paralysés et s'en suivra très vite un retour à l'état de nature où nous serons contraints de nous sustenter exclusivement par la cueillette et la chasse de gibiers. Il est à noter que les crises de liquidité ont toutefois pour vertu intellectuelle et morale, en contradiction avec la vision des penseurs libéraux, de révéler la véritable hiérarchie entre l'État et les banques privées et de faire comprendre que la monnaie-dette n'est viable qu'en ce qu'elle est adossée à la monnaie souveraine. En définitive, c'est donc bien les banques qui se financent auprès de l'État et pas l'inverse.

Face à cette situation, Alexis Tsipras n'a que deux solutions qui s'offrent à lui. Soit il accepte de poursuivre la politique d'austérité en échange d'un refinancement de la BCE. Soit, prenant acte du refus de la BCE de pourvoir les banques grecques en liquidités, il décide que ce sera l'État grec lui-même qui le fera. Chers lecteurs, vous vous doutez bien que c'est cette seconde solution qui a ma préférence. Mais il faut dès lors savoir ce qu'elle implique. Techniquement, il faudra que l'État grec se livre à une réquisition de la Banque de Grèce. J'insiste sur le fait que les banques centrales nationales des pays membres de l'euro existent toujours et qu'elles n'ont pas été détruites lors de l'entrée de ces derniers au sein de l'Union économique et monétaire. Quand bien même elles l'auraient été, cela n'aurait pas constitué un problème majeur car il suffirait de quelques mois tout au plus pour en rebâtir une. Mais le fait qu'elles n'aient pas disparu va contribuer à faciliter notre tâche. Reprendre donc le contrôle sur la Banque de Grèce et lui faire refinancer les banques privées. Mais cela revient donc à prendre une sortie effective de la monnaie unique puisqu'il s'agirait pour l'État grec d'émettre de la monnaie sans avoir l'aval de la BCE. Nous nous trouvons bien dans le cas de figure d'un retour à une devise nationale. Se soumettre aux « institutions européennes » ou sortir de l'euro ? Ainsi on demeure dans ce choix crucial que j'avais déjà énoncé dans un de mes précédents articles (2).

Une sortie de l'euro et un défaut sur la dette serait salutaire pour la Grèce, d'autant plus que délesté du service de sa dette, le budget grec serait excédentaire. C'est le grand secret que personne ne dit : si en ce moment la Grèce s'endette par les emprunts, c'est seulement pour pouvoir payer les intérêts de sa dette ! Sans ça, elle pourrait tout à fait se passer de financements extérieurs. C'est là que l'expression briser les chaînes de l'usure prend tout son sens. Le fait que a dette grecque soit de toute façon mathématiquement non-remboursable devrait normalement suffire à dissuader de vouloir la rembourser. Car dans la vie de tous les jours, quand on sait qu'une chose est matériellement impossible à réaliser, il est de bon sens de ne même pas tenter de le faire. On dépasse là, chez les oligarques européistes, le simple domaine de l'intention de nuire pour aller rejoindre celui de la bêtise crasse. Sans compter que les arguments juridiques du droit international permettant de justifier un défaut sur la dette grecque sont nombreux et parfaitement solides. Les plus déloyaux de nos adversaires argueront qu'un défaut de la Grèce aurait des conséquences catastrophiques en ce qu'elle ferait s'écrouler la BCE. Leur mauvaise foi aurait de quoi les étouffer, mais c'est qu'ils ne manquent pas d'air. Il nous suffira de leur répondre que s'il y a bien une banque qui ne peut pas souffrir d'une faillite, c'est précisément la BCE puisque c'est précisément elle qui la source de la monnaie en dernier ressort !

En conclusion, je dirais que ce qui se passe actuellement en Grèce doit être examiné avec la plus grande attention car cela se produira aussi chez nous et qu'il est impératif que nous en tirions les leçons indispensables. La crise qui est en train de frapper l'Europe doit être comparée à une montée du niveau de l'eau où nous jouerions tous le rôle des noyés. Les grecs ont été les premiers à perdre pied. Les portugais, les espagnols et les italiens ne sentent quant-à-eux déjà plus qu'à peine le sol sous leurs plantes. Viendra inéluctablement le tour de la France. C'est pourquoi à l'aune de ce constat, je souhaiterais terminer mon exposé par cette citation de John Donne mise en exergue par Ernest Hemingway au début de son roman *For Whom the Bell Tolls* : « n'envoie jamais demander pour qui sonne le glas : il sonne pour toi ».

Tan-Toan Nguyen

---

(1)   Tan-Toan NGUYEN, « Eurozone:vers un scénario de chute soviétique ? », 5 février 2015.

(2)   Tan-Toan NGUYEN, « Grèce : Athènes et Sparte contre l'Empire », 7 février 2015.

Les libéraux, grands régulateurs du marché (30 avril 2015)

« Laisser la loi aux mains de gouvernants élus, c'est confier le pot de crème à la garde du chat » Friedrich von Hayek.

Nombre de libéraux de la fin du 19ᵉ siècle ont accusé les gouvernements des puissances occidentales – parfois en parlant de complot ! – de n'avoir jamais laissé la libre régulation du marché s'exercer sans entrave. Il s'en suit que les ingérences des puissances publiques ont eu des conséquences néfastes sur l'environnement économique et social. Les défenseurs du marché libre ont en effet blâmé les corporatistes, les syndicats et les gouvernements (pourtant libéraux eux même) pour avoir, par vanité et opportunisme, imposé le protectionnisme et le planisme à l'économie, empêchant ainsi le marché de faire ses preuves.

Cette attitude socialisante, hâtive et antilibérale, – cette *route de la servitude* – n'aurait donc pas permis aux lois du marché de se mettre en œuvre afin de mener vers la voie de la prospérité et de l'équilibre, ce qui nécessitait préalablement une douloureuse phase de purge des agents économiques défaillants. En somme, l'étatisme dans le marché (aussi bien keynésien, national-socialiste que marxiste) ne génère qu'inflation, chômage, récession ou dépression.

Pour les libéraux, la liberté et la propension de l'homme à l'échange ne découlent pas d'une définition législative, ce sont des droits inhérents à la nature humaine et dont la légitimité est donc supérieure à toute loi de l'homme. Le libéralisme économique va donc dans un sens conforme à celui voulu par la nature. Ce principe est assez analogue au « laissez faire, laissez passer » proféré par les physiocrates de François Quesnay au XVIIIe, et s'inscrit dans la pure lignée de la pensée de l'École autrichienne d'économie au XXe siècle.

Pourtant, les grands partisans du libéralisme parmi les politiques n'ont jamais osé franchir le pas du libéralisme intégral, même dans les années 80 où le libéralisme a évincé le keynésianisme, prétendument responsable de la stagflation. Margaret Thatcher, admiratrice d'Hayek, ou encore Ronald Reagan ont chacun touché « plus qu'il n'en fallait » à l'économie, pour des considérations politiques et électorales. Reagan, par exemple, a entrepris de mettre en place une certaine dose de protectionnisme face à l'arrivée des voitures japonaises inondant le marché américain, afin de ne pas porter un préjudice fatal à l'industrie automobile américaine.

Mais c'est précisément par l'interventionnisme des libéraux que le marché prétendu « autorégulateur » a pu survivre.

Cette question est traitée de manière très pertinente dans l'ouvrage de Karl Polanyi, *La grande transformation* (1944). Celui-ci retrace notamment l'évolution de la pensée libérale par une approche historiciste et met en exergue le caractère absolument infondé – par la pratique même des libéraux ! – des principes directeurs du marché libre. Pour Polanyi, le marché est né en Angleterre consécutivement à l'abolition des lois sur les pauvres (*Speenhamland* parmi les plus connues), dès le début de l'ère victorienne. Curieusement, il note que l'abolition de ces mesures paternalistes qui protégeait jusqu'alors la future masse des prolétaires, se sont conjugués avec de nouvelles mesures encadrant le marché, et ce, du fait même de gouvernements libéraux convaincus.

Loin d'être une conspiration communiste ou une entrave due à la vanité d'une classe hostile, les gouvernements de l'ère victorienne ont édicté certaines mesures amoindrissant la liberté des capitalistes afin de permettre au marché de survivre de ses propres contradictions. En 1884, Herbert Spencer dressait une liste de mesures restrictives adoptées au Royaume-Uni en accusant les décideurs libéraux de piétiner leurs propres principes. Polanyi note judicieusement que ces lois étaient le fait de gouvernements partisans du libéralisme, mais forcés de mener des mesures purement pratiques dans pléthore de secteurs dans lesquels le marché provoquait des désordres importants. Les grandes puissances de l'Europe ont édicté durant leur période libérale, ce même type de législations « collectivistes ».

La tendance du marché est, comme le souligne Lénine dans *L'impérialisme*, prompt à l'hyper-concentration du capital même au niveau mondial (son extension est moins rapide que la production). Pourtant, les libéraux affirment que le marché ne peut en effet s'autoréguler que dans le cadre d'une concurrence libre et saine entre les acteurs économiques. Mais cette situation de concurrence – même imparfaite – ne peut en aucun cas se faire sans un gendarme souverain qui empêche la formation de ces concentrations trop massives qui détruisent toute réelle compétition. Le laissez-faire conduit donc à la mise en place indubitable de Cartels et de Trusts qui monopolisent tous les canaux économiques (le protectionnisme a le même effet dans un cadre national). De même, le marché du travail, qui doit être absolument concurrentiel pour le marché, a tendance à la concentration sous forme de syndicats revendicatifs ou de corporations de métiers.

Les Etats-Unis du début du XXe siècle sont un bon exemple de ce phénomène. La concentration verticale et horizontale (trust) des grandes firmes des familles notables telles que les Rockefeller, Carnegie ou Van der Built, ont contraint le gouvernement américain à étendre le champ d'application de la loi Sherman anti-trust de 1890 par le Clayton Act. En 1911, le Département de la Justice des États-Unis poursuivit la Standard Oil pour ses prises de positions monopolistiques. En 1914, fut ordonné le démantèlement de la *Standard Oil* en 34 sociétés indépendantes (Mobil, Chevron).

Egalement, on ne manquerait pas de rappeler aux adeptes du laissez-faire que le marché libre n'est en rien une source d'innovation et de développement dans la production humaine. Sans des garanties légales allouées au respect de la propriété intellectuelle (brevet, droits d'auteurs, droit des marques), l'innovation dans le commerce serait chose tout à fait impossible dans le cadre du marché mondial. Sans une garantie – du moins théorique – pour l'inventeur que sa création à portée industrielle sera protégée de la concurrence par une exclusivité d'exploitation pour une durée susceptible de réaliser l'investissement de départ, aucun agent économique ne prendrait le risque d'investir pour l'innovation. La concurrence déloyale est l'apanage du marché, et l'espionnage industriel est aujourd'hui presque « nécessaire » dans certains secteurs d'activité tant il est généralisé (d'ailleurs, nombre d'états capitalistes y participent pleinement).

Il est également nécessaire que l'état intervienne afin de protéger le consommateur, le fournisseur, le distributeur, l'investisseur des dérives du marché, car, dans la plupart des cas pratiques, l'égalité contractuelle entre ces acteurs n'existe tout simplement pas. Protéger le marché par la loi est en cela dans l'intérêt des capitalistes eux-mêmes, même si le droit n'est pas, par nature, pleinement efficace.

Suivre la logique de marché serait de minimiser l'état, mais jusqu'à quel point ? Il est certain que les libéraux pur-jus verraient d'un œil suspicieux le fait de privatiser l'enseignement par exemple. On comprend donc à quel point la notion d'interventionnisme est à consonance multiple, et suit de près les intérêts à court-terme des capitalistes libéraux. Ces derniers sont favorables à l'interventionnisme dans certains cas en pratique, notamment pour instituer la libre-concurrence et garantir le respect de la propriété privée entre les acteurs économiques concurrents, preuve que le marché ne résout pas tout selon leur propre paradigme.

Mais si le marché dispose de ses lois naturelles qui supplantent les lois des hommes, en quoi est-il nécessaire que l'état cadre les agissements économiques nocifs ?

Tout simplement car la vision libérale, voyant dans le marché un cadre désencastré du reste de la superstructure (cette vision « économiciste » est dans une certaine mesure partagée par les marxistes) est erronée ; que l'activité économique n'est jamais imperméable à son environnement social et politique et ne lui dicte en aucun cas sa loi de manière impérieuse ; et que sa régulation autonome est empiriquement réfutée.

Les lois du marché sont imposées aux peuples par une volonté politique, et ne sont d'aucune manière l'aboutissement d'une évolution naturelle de la société.

L'Europe contre la démocratie (7 mai 2015)

Pourquoi parler du chômage et de l'Europe ? Pourquoi plus précisément faire le lien entre le chômage et l'Europe ? Car se limiter à analyser le chômage en France, c'est se restreindre à ne faire que le constat de la conséquence. Tandis qu'introduire l'Europe dans cette valse à trois temps, c'est remonter jusqu'à la cause de la conséquence. C'est donc émettre un diagnostic qui ne condamnerait pas à lutter désespérément et de manière inefficace contre les symptômes, mais permettrait de découvrir la racine du mal ; et poser ainsi la condition sine qua none de la suppression du phénomène.

Car voilà l'effrayante réalité : Hollande, Valls et toute la clique de ceux qui nous gouvernent n'ont plus le pouvoir de faire de la politique. Quand ils affirment qu'ils vont résorber le chômage, ils mentent assurément. Mais à leur décharge, il faut énoncer qu'ils ne portent pas entièrement la responsabilité du désastre. Que leur responsabilité première, ce serait plutôt celle d'une abstention, celle de ne pas dire aux français que les leviers de la politique économique française ont été transférés dans les traités européens. Et celle bien sûr de ne rien faire pour récupérer ces leviers. Qu'on comprenne bien toute la mesure de cette assertion qui ne signifie pas moins que la fin de la démocratie. Car comment interpréter autrement la soustraction à la délibération des peuples de questions aussi essentielles que l'indépendance de la Banque centrale ou encore la fameuse « stabilité budgétaire » qui n'est que l'autre nom de l'austérité ? A la lumière de ces faits, on saisit mieux pourquoi rien ne change jamais sous le soleil, qui brille depuis des décennies, de l'alternance entre la droite et la gauche ; la récente arrivée au pouvoir de Hollande ne faisant par ailleurs que révéler de plus en plus à ceux qui ne l'avaient pas déjà compris le véritable lien entre l'UMP et le PS qui est celui de la gémellité.

Dans cette pièce de théâtre où les dialogues ont été soigneusement écrits à l'avance et où les acteurs ont l'interdiction absolue de s'en écarter, certains seraient tentés d'introduire un troisième protagoniste. Un trouble-fête dont les répliques ne seraient pas prédéfinis. Je n'évoquerais pas ici les partis dits populistes en Europe car il y en a trop et qu'ils ne sauraient composer un bloc monolithique soumis à une inspection commune. Quel rapport en effet établir entre le parti islamophobe de Geert Wilders en Hollande et le Jobbik hongrois islamophile ? A défaut donc de pouvoir embrasser le populisme d'une seule étreinte, je me contenterais de traiter uniquement dans cet exposé du Front National.

Dans ce régime totalitaire dans lequel nous vivons, le rôle qui a été attribué à la SARL Le Pen est celui de Goldstein dans le roman de George Orwell 1984, à savoir l'ennemi utile. Une fois qu'on a dit que Jean -Marie Le Pen a été poussé complaisamment dans les grands médias par François Mitterrand afin d'affaiblir la droite, on n'a pas tout dit, loin de là. Quand on dit que le but du Front National est de capter le mécontentement des français, qui ressentent par instinct que leurs difficultés viennent de la Désunion européenne (1), pour mieux les conduire vers l'impuissance politique, seulement là on regarde la vérité les yeux dans les yeux.

Comment expliquer sinon ce non-sens intellectuel contenu dans le programme du Front National qui consiste à invoquer l'article 50 du traité sur l'Union européenne pour renégocier les traités, alors que l'article 50 en question ne dispose en aucune manière d'une quelconque renégociation mais de la possibilité pour un État membre de décider unilatéralement de sortir de la Désunion ? Ajoutons que cela est pour nous l'occasion de faire une mise au point sur la perspective d'une révolte dans le cadre européen afin de dire qu'elle est tout simplement impossible. Car tout traité ne se révise qu'à l'unanimité de ses signataires. Et dans une Europe à 28, autant dire que cela revient à attendre que les poules aient des dents. Le Front National est donc pour ma part à renvoyer dos à dos avec le Front de gauche, tous deux n'ayant pas justement appréhendé que pour qu'une lutte sociale et d'indépendance ne soit pas stérile, il fallait impérativement qu'elle s'inscrive au niveau national. Quitte ensuite par effet de contagion à déborder celui-ci pour atteindre à l'internationalité. La libération nationale est bien le levier préalable pour actionner un changement à l'échelle internationale.

Tan-Toan Nguyen

Tan-Toan NGUYEN, « La réalité sur l'Union européenne », 15 février 2015.

Assad, l'allié nécessaire (11 mai 2015)

Autrefois, dans les années 30, à la faculté de la Sorbonne, naissaient les fondements idéologiques du Baas. Trois étudiants, Michel Aflak (chrétien), Zaki al-Arzouzi (alaouite), Salah al-Din al-Bitar (sunnite) formèrent un modèle politique basé sur une symbiose entre le panarabisme, la laïcité, le socialisme et l'Islam. Le Baas devint une formation politique officielle dès 1947 en Syrie. Après la débâcle de la république arabe unie, une junte militaire pris le pouvoir en 1963 et porta le Parti Baas au pouvoir, qui réalisa rapidement et à grande échelle des nationalisations. Pourtant, les factions et l'éclatement du parti menèrent à une succession de gouvernements et à de nouvelles constitutions. En 1966, Salah Jedid, représentant les éléments prosoviétiques du parti, l'emporta sur l'aile plus modérée, purgeant du parti ses fondateurs, Michel Aflak et al-Bitar (1).

Avant-hier, quiconque voulait traiter avec la Syrie devait composer avec Hafez al Assad, le père. Après une dizaine de coups d'état depuis la fin du protectorat français, la Syrie vu l'année 1970 comme l'avènement de la communauté alaouite dont Hafez était issus ; ceux-là adoptent une religion syncrétique proférant la métempsychose et ne partagent en réalité avec l'Islam que quelques figures éminentes du chiisme (2). Les alaouites, souvent pauvres paysans, accédaient à l'armée car la formation, encadrée alors par des officiers français sous le protectorat, y était gratuite et délaissée par la bourgeoisie sunnite. Leur place influente dans l'armée est depuis devenue indiscutable, bien que ce paradigme trop globalisant doive être tempéré : nombre de hauts-gradés sunnites ont toujours fait partie de garde rapprochée du clan Assad. En réalité, la puissance des Assad s'est fondé sur un triptyque : la communauté alaouite, certes, mais aussi et également sur l'armée et le Baas. L'appartenance des Assad à la secte, considérée comme « hérétique » par les musulmans dits orthodoxes, a toujours été une faiblesse à leur légitimité dans une Syrie largement sunnite. Des gages durent être donnés, notamment sous la pression des frères musulmans : tentative de « sunnisation » des cheikhs alaouites, constitution de 1973 obligeant le président à être musulman, etc., cela n'aura pas suffi.

Hier, malgré l'épisode de l'assassinat de Rafic Hariri qui eut terni la relation francosyrienne, Bachar al-Assad fut accueilli en grande pompe, par Nicolas Sarkozy en 2010. On tentait alors de présenter le président syrien comme un être fréquentable, moderne et laïc. Ce dernier entretenait également de bons rapports avec le Qatar – et autrefois avec l'Arabie Saoudite! – qui l'a ensuite trahi, pour des raisons plus gazières que religieuses … La Syrie du régime était certes en proie aux discriminations, à la répression politique et aux faits de corruption, mais il est inconstatable que son niveau de modernité, du moins sociétale, était une vitrine avantageuse du monde arabe vis-à-vis de l'observateur occidental. Assad était le rempart laïc avec qui il était légitime de traiter contre l'islamisme radical des frères musulmans et d'Al Qaida, malgré l'hostilité endémique de la Syrie envers Israël.

Aujourd'hui, et depuis les révolutions arabes, Al-Assad est devenu pour l'Occident un tyran qui massacre son peuple. Là où l'Arabie Saoudite et le Qatar sont épargnés par la critique, le régime syrien est la cible d'anathèmes proférés par les fanatiques de part et d'autre, de Fabius jusqu'à Qaradaoui, en passant par Erdogan … Alors que l'opposition « laïque et modérée » armée par les puissances occidentales et sunnites, s'est commuée rapidement en Front islamique, en Al-Nosra, puis en Daesh, le régime tient bon, avec le soutien des russes et des iraniens. Le Djihadisme pénètre aujourd'hui chacune des zones où le fragile équilibre, qui, du Moyen-Orient à l'Afrique, prévenait un bain de sang ethnique, ait été ravagé par une ingérence militaire occidentale. Un débordement que l'on pouvait néanmoins parfaitement prédire, la stratégie de l'Occident de soutien à l'islamisme radical contre le communisme et nationalisme ayant toujours eu des effets désastreux. Daesh est naturellement devenu la plus grande menace pour l'humanité.

Demain, Assad sera – du moins nous pouvons le souhaiter – probablement réhabilité au sein de la « communauté internationale », même si cela doit déplaire à certaines monarchies du Golfe. John Kerry, secrétaire d'état de la présidence Obama, a osé faire cette déclaration : « Au final, il faudra négocier » avec Bachar Al-Assad. Effet d'annonce ou reconnaissance d'une erreur stratégique ? Nous pensons que dans un premier temps les contacts se feront (se font déjà ?) de manière officieuse entre les puissances occidentales et le régime syrien. Il a longtemps été rappelé que les dictatures laïques étaient les remparts contre l'effritement ethnico-religieux des pays arabo-musulmans. Le renversement des dictatures irakienne, libyenne et tunisienne a incontestablement prouvé ce dit, qui paraissait autrefois mystifié. Bachar al-Assad est donc l'allié nécessaire de tout Etat qui désire instaurer l'ordre et l'unité en Syrie. Ceux qui veulent le faire chuter ne désirent libérer le peuple syrien que pour lui imposer une nouvelle étreinte, celle dictée par le libéralisme économique et l'impérialisme des alliés occidentaux et des monarchies du Golfe.

Jean de Covard

---

(1)   Pour lire l'Histoire de la Syrie depuis 1917 : Xavier Baron, *Histoire de la Syrie 1918 à nos jours*, 2014, Ed. Tallandier, Collection Texto.

(2)   René Dussaud, *Histoire et religion de Nusayrîs*, 1900.

2012 : La sainte famille ira visiter la Syrie

L'école : faillite programmée de la jeunesse (18 mai 2015)

Avant toute chose, il faut avoir à l'esprit que la terminologie « éducation nationale » utilisée n'est pas anodine. Un petit point historique s'impose là-dessus.

Après la Révolution française de 1789 une querelle idéologique a vu le jour entre les partisans d'une éducation nationale et ceux souhaitant une instruction publique .Selon les premiers, tout enfant doit appartenir à l'Etat et non à ses parents .L'objectif étant d'éliminer tout influence autre que celle de la puissance étatique dans la construction psychologique de l'enfant. Au contraire les partisans d'une instruction publique insistaient sur l'importance de l'acquisition d'une base intellectuelle solide pour l'enfant le laissant libre de ses opinions personnelles. L'instauration d'une instruction publique finit par l'emporter. Il faut attendre 1932 pour voir la notion d'éducation nationale revenir au gout du jour, dans le vocabulaire ministériel de façon discrète par un décret de nomination du 3 juin du ministère de ce nom. Après la 2nde Guerre mondiale et l'effervescence politique qui s'en est suivi, l'orientation idéologique consacrée par Mai 68 se mit progressivement en place. Promus par les hommes politique de tout bord faisant mine de s'opposer entre eux, les traits de cette idéologie se dessinent peu à peu, balayant toutes les valeurs morales et éthiques ayant fondé et fait la grandeur de la société et de la nation française.

Quelles ont été les répercussions de cette évolution sur l'école française ?

Le nombre titanesque du personnel employé par l'éducation nationale (1er employeur de France avec plus de 1,1millions de personnel et 7ème employeur mondial) est loin de refléter un enseignement de qualité dispensé aux enfants et un cadre de travail serein pour ses principaux acteurs, les enseignants.

1- L'avilissement des élèves

Leur niveau n'a cessé de régresser au fil du temps. Ainsi 20% des élèves entrant en 6ème aujourd'hui ne savent pas lire se contentant de déchiffrer des phrases sans aucune compréhension. Ces élèves accumulant les lacunes, ce chiffre augmente au fil des années et avoisine 1/3 des élèves en 3ème. Cela conduit au décrochage scolaire d'environ 160 000 élèves en fin de 3eme chaque année. Là encore ce chiffre ne fait qu'augmenter d'une année à l'autre (1). Cela s'explique en partie par une mauvaise méthode de lecture enseignée dés la sortie de la maternelle et que l'école persiste à utiliser encore, malgré toutes les études qui ont démontré son inefficacité (2). Si on voulait réellement apprendre à lire à tous les enfants, il suffirait de choisir la méthode qui marche et qui a fait ses preuves.

Encore plus ahurissant, le système scolaire est fondé sur des principes erronés. La première aberration dommageable de cette éducation repose sur l'erreur d'ordre psychologique transmise aux enfants selon laquelle il leur suffirait d'apprendre par cœur des manuels pour qu'ils développent leur intellect. Ainsi de la primaire à l'université, les élèves sont formés exclusivement à apprendre par cœur des bouquins entiers sans que jamais leur jugement, leur esprit d'initiative, ou leur esprit critique ne soient aiguisés. L'école ne transmet absolument rien de tout cela. Or elle doit servir avant tout à préparer l'enfant à la société, à la vie d'adulte, aux conflits humains, à se défendre. L'instruction prépare à ça. Son étymologie ; instructuare ; signifie d'ailleurs « équiper, outiller «, alors que éducation renvoi à educuare signifiant tout d'abord « nourrir «. Or qui nourrit l'enfant ? La mère évidemment, d'où le penchant maternel de l'éducation actuelle. Réciter et obéir, voilà tout ce que transmet l'éducation nationale en réalité. En sommes les élèves sont formatés au salariat-à exécuter des tâches opérationnelles sans plus- et ne se voient pas inculqués les armes permettant d'acquérir un esprit citoyen libre et pleinement conscient.

Ajoutez à cela l'inutilité de certains enseignements qu'on se borne à transmettre aux élèves tel que des classifications zoologiques ou la reproduction de certains crustacés, pan entier des programmes de science au collège. A contrario les élèves sont privés de l'enseignement d'énormément de choses nécessaires préparant à la vie d'adulte. Certains savoirs-faire pratiques utiles au quotidien mériteraient d'avoir leur place à l'école. De même une immersion régulière des enfants dans le monde professionnel ne pourrait que leur être bénéfique pour l'apprentissage et l'assimilation de certaines notions qui ne s'acquièrent que par une expérience réelle . Enfin il ne serait pas de trop que l'économie politique, la géopolitique, et l'Histoire (en son sens réel !) soient abordées dès le collège afin de ne plus laisser ces matières essentielles à la compréhension du monde politique à des élites qui ne se soucient guère que de leur plan de carrière .Mais la parfaite compréhension de ces matières par les citoyens serait assurément le vecteur d'une abstention électorale plus massive encore.

Au final les diplômes, deviennent à la portée de tout élève régulièrement assidu en cours. Cette massification conduit alors implacablement à une dévalorisation des diplômes acquis. Le baccalauréat en est l'exemple le plus frappant .Il ne vaut plus rien aujourd'hui. Là est l'hypocrisie des chiffres balancés chaque année au moment des résultats. Il fut un temps où ce diplôme était glorieux et prestigieux. Aujourd'hui Il suffit simplement d'aller régulièrement en classe durant l'année, pour se voir offrir son précieux sésame sans effort supplémentaire.

2- La fragilisation du corps enseignant

Parallèlement le corps enseignant a suivi la même pente descendante. La féminisation excessive qu'a connue celui-ci explique bien des problèmes. En 2014, plus de 66% des professeurs étaient des femmes.

Certaines parties des programmes traitées en cours ont des airs de militantisme féministe. Le programme de SVT incluant une partie sur le genre en témoigne. Pire encore en 2013 on a carrément vu Najat Valaud Belkacem prêcher cette théorie au vu et au su de tous devant des petits enfants encore à la crèche, mais aussi de maternelle, de primaire, et même de collégiens dissimulé sous prétexte de lutter contre les préjugés sexuels à l'école

Où sont ces parents scandalisés par cette offense à l'humain ? En outre, certains cours sur la sexualité régulièrement dispensés aux collégiens et lycéens sont parfois à la limite de l'obscénité.

Cette féminisation de l'enseignement a par ailleurs instauré un déséquilibre dans les rapports avec les élèves .On a assisté au phénomène de « l'enfant roi » témoignant des difficultés d'autorité rencontrées par le personnel scolaire. Au lieu de recevoir une instruction solide par des adultes compétents, les élèves sont maternés de 8H à 17H par des baby sitters ou assistantes puéricultrices appelez les comme vous voulez. Une véritable garderie en somme ! Pauvres professeurs, eux qui ont étudié pour … se retrouver à faire de la garderie.

Les enfants sont traités comme une sorte de minorité opprimée qu'il faut libérer pour lui permettre de s'épanouir. L'enfant est ainsi maintenu dans un environnement ludique, le privant ainsi de la préparation nécessaire à l'entrée au monde d'adulte. Le personnel d'école est évidemment là pour y contribuer et éviter aux enfants toute contrariété et tout effort individuel. On est bien loin de l'esprit du lycée militaire Napoléonien des 18ème et 19ème siècle.

Ajoutez à cela le comportement irrespectueux, insultant, voire parfois violent des parents des enfants punis par le professeur (ou le personnel d'encadrement) pour un écart de conduite. Dans ces moments-là, la hiérarchie aura le plus souvent tendance à lâcher ces professeurs plutôt qu'à les soutenir. Les conditions d'exercice des enseignants ont ainsi connu une détérioration spectaculaire en l'espace de 40 ans.

Concrètement cela provoque un nombre inquiétant d'arrêt maladie chaque année. Là où des hommes auraient mieux géré le stress et encaissé, les femmes sont plus nombreuses à craquer.

Selon un rapport officiel commandité par l'éducation nationale (n°2011-05) du 5 juin 2011, 45,9% des professeurs des écoles posent un arrêt maladie par an, contre 22% des salariés du privé, et 80% de ces absences sont féminine. Le tout premier paragraphe de ce rapport s'intitule d'ailleurs « L'importance du taux de féminisation croissant caractérise le volume des absences dans le 1er degré) .Ce qui nous interpelle encore plus honteusement est le taux de suicide chez les enseignants : une guerre des chiffres entoure celui-ci et ce que déclare l'INSEE, le ministère de l'Éducation Nationale et l'INSERM diverge. Dans tous les cas, l'Éducation nationale se contentera de déconnecter l'acte de suicide de l'enseignant, de la situation de travail qui l'aurait provoqué.

On peut sérieusement se demander si tout ça n'est pas fait sciemment pour détruire l'instruction, abaisser le niveau d'intelligence générale de la population afin de créer des générations de consommateurs abrutis, facilement manipulables et orientables. Brighelli, (ancien professeur) pour désigner l'école, a parlé d'une fabrique à crétins (3). D'aucun crieront à la paranoïa, mais les faits sont là. Soyons claire, l'éducation nationale à la française est un désastre inqualifiable. Sous prétexte de promouvoir l'égalité, l'épanouissement de l'enfant et tout le baratin qui va avec, une croisade perverse et vicieuse est en réalité mené pour neutraliser et détruire les forces vives du pays. Cependant il convient de ne pas séparer la crise de l'école de celle de la société moderne. Loin d'être la conséquence d'un malencontreux dysfonctionnement, cet abrutissement des futures générations d'adultes est en réalité la condition sine qua none d'existence de notre société.

Le réveil sera dur pour ceux qui auront choisi de ne pas user de leurs cerveaux. Il n'est pas trop tard pour se corriger mais le temps presse !

Mohamed Chouker

---

(1)   Danièle Sallenave, « Illettrisme et enseignement du français », 12 février 2013.

(2)   Marie-Estelle Pech, « La querelle sur les méthodes de lecture relancée », *Le Figaro*, 10 janvier 2014.

(3)   Jean-Paul Brighelli, « La fabrique du crétin : La mort programmée de l'école », Édition : Jean-Claude Gawsewitch, 22 août 2005.

Du sionisme au néosionisme : récit d'un bouleversement historique (31 mai 2015)

L'objectif du présent texte est de présenter une brève critique du sionisme. Je n'emprunterais pas le sentier pris par certains : l'écueil menant à l'antijudaïsme ou à la simple critique de la politique d'Israël. L'emprunt de ces voies n'apporte pas plus de fond à l'analyse et cache souvent une absence d'arguments réels. Mon entreprise est ici de démontrer les limites évidentes du sionisme politique fondateur et d'observer que de nouvelles formes de sionisme l'ont suppléé.

Il ne fait aucun doute que les juifs, à travers les âges, dispersés parmi les nations, ont toujours gardé un attachement profond à *Eretz Israël*. L'espoir d'un retour vers cette Terre promise par Dieu aux enfants d'Israël, constitue un fondement de la tradition juive. Ce pacte scellé, et révélé dans la Torah est aussi une des justifications que les sionistes de notre temps avancent pour établir un plan cadastral en Palestine, pourtant l'histoire du sionisme politique est moins prophétique.

La création du sionisme politique – Les mouvements de pensée sionistes commencent à germer dans les années 1860 dans certains milieux religieux comme laïcs. Le terme de sionisme est employé pour la première fois par Nathan Birnbaum (1864-1937), penseur et écrivain viennois, qui plaidera rapidement pour un rapprochement des juifs à la Terre d'Israël.

Mais le sionisme politique s'est matérialisé par l'action de son plus éminent fondateur de Théodore Herzl (1860-1904), un bourgeois juif d'origine hongroise. Celui-ci va cristalliser et uniformiser un mouvement diffus et disparate, alors que, pourtant, celui-ci ne sera sensibilisé que tardivement au sionisme. Il fonda à cette fin le Congrès sioniste qui rassembla les acteurs de la création d'Israël et composé de deux organes distincts : l'Organisation Sioniste Mondiale et l'agence juive.

Selon Herzl, les juifs, malgré leurs efforts d'intégration dans leurs nations d'accueil, ne seraient jamais acceptés comme des citoyens à part entière par les populations locales. L'affaire Dreyfus en était pour lui une preuve évidente. Face à ce constat d'impuissance, celui-ci et d'autres soutenaient la création d'un Etat pour les juifs, seule échappatoire à leurs conditions misérables. Un Etat pour les juifs les aurait fait sortir de leur situation d'apatrides et de minorités afin de les rendre légitimes aux yeux du monde. Le sionisme d'Herzl s'est donc avant tout fondé sur le principe de la création d'un Etat juif plus qu'un retour des juifs en Palestine, même si ce dernier objectif fut clairement affiché dès l'instauration du *programme de Bâle* d'août 1897, lors du premier congrès sioniste. D'ailleurs, la Palestine ne fut pas le seul choix étudié par les sionistes et leurs partenaires anglais : l'Argentine ou l'Ouganda furent l'objet d'une expertise d'implantation. Les premiers élans du sionisme furent donc avant tout le désir d'autodétermination du peuple juif.

Sous l'impulsion de Chaïm Weizman, futur premier président d'Israël, le 8eme Congrès sioniste se réunira à La Haye (Pays Bas), du 14 au 21 août 1907, soit 3 ans après la mort d'Herzl. Il y sera entériné le projet de poursuivre les colonisations juives en Palestine, déjà amorcées sous l'impérialisme ottoman, afin de créer un Etat juif. Le sionisme politique deviendra indissociable de l'implantation active en Terre d'Israël, même si les outils techniques de cette entreprise ne seront alors que purement fictifs, les ottomans peu enclins à laisser une quelconque autonomie aux colonies de peuplement.

Les britanniques dans leur espoir d'un gain d'influence au Proche-Orient promettront la Palestine aux organisations sionistes, mais feront miroiter en parallèle un tel cadeau aux arabes palestiniens afin d'attiser le nationalisme arabe face à l'occupant ottoman. La déclaration de Balfour de 1917, véritable lettre d'intention anglaise adressée au baron de Rothschild, grand partisans du sionisme, plaidera en faveur de l'instauration d'un foyer national juif en Palestine, sans pour autant évoquer la création d'un Etat souverain.

Pour les populations juives, le sionisme n'était en rien la seule vision politique qui s'est développée au début du 20ème siècle. Le discours sioniste restait largement minoritaire et s'opposait frontalement à d'autres mouvements mieux implantés. Chaque groupe juif d'Europe avait ses particularités et ses dynamiques propres. Les Ashkénazes d'Europe orientale, fidèles à un judaïsme traditionnel, connaissaient le sort le plus précaire, et restaient méfiants à l'égard de ces mouvements sionistes. Les juifs de l'Ouest et notamment de France, prônaient pour leur part l'assimilation, récit de leur propre réussite par l'intégration. Citons encore la fameuse Union Bundiste (Union générale des travailleurs juifs de Lituanie, de Pologne et de Russie), laïque et socialiste, qui fut une grande opposante au sionisme considéré comme une « réaction bourgeoise » à l'antisémitisme. Celle-ci trouvait un grand retentissement auprès des artisans et des ouvriers juifs en Europe de l'est. Pourtant, la Shoah balaiera les pensées rivales du sionisme et sera l'événement qui le légitimera aux yeux des juifs.

Critique du concept – L'idéologie sioniste, idéaliste sans conteste, est indiscutablement limitée dans ses fondements conceptuels. Nous en dressons ici les paradoxes :

D'un point de vue conceptuel, cette solution souffrait dès l'origine des mêmes tares que l'idéologie nazie ou les théories du complot judéo-bolchévique ou judéo-maçonnique, qui attribuaient la corruption du monde aux états « enjuivés ». Ni le sionisme, ni l'hitlérisme, ni les thèses dites « complotistes » n'ont attribué le terme « juif » aux seuls pratiquants du judaïsme, ce qui en fait une notion floue. Ils ont chacun établi la race ou le peuple juif selon une définition propre, y intégrant sans distinctions des populations hétéroclites par leur culture, leur langue, et leur pratique du judaïsme. Par exemple, le IIIe Reich précisera la notion de « juif », comme une personne ayant plus de deux ascendants directs juifs ; le demi-juif étant lui considéré comme un *mischling*, et apte – dans des conditions variables – à entrer dans l'armée allemande (Bryan M. Rigg, *La Tragédie des soldats juifs d'Hitler*, 2003, Editions de Fallois).

Dans ce cadre, le juif est donc une fiction, l'état abstrait d'une personne, et est finalement due à sa généalogie et cela indifféremment de sa religiosité, ses particularités et surtout sa conscience d'appartenir à un peuple (il y'avait certes des groupes solidaires juifs dans chaque pays, sur le même modèle qu'une diaspora). Pour ce qui est du sionisme, nous partions donc d'une conception idéologique abstraite afin d'en développer une application matérielle.

Il a donc fallu trouver un dénominateur commun afin de rassembler une nation juive, mais non pas par le judaïsme seulement, qui d'ailleurs en aurait été un obstacle dès l'origine. La thèse de l'existence d'un « peuple juif » comme groupement d'hommes ayant une origine, une religion et une histoire commune fut érigé sur les vestiges de l'Ancien Testament afin de parachever la nation. L'histoire commune de ce peuple devenait par là même, indissociable de la Terre d'Israël. Schlomo Sand, historien israélien, a critiqué fermement cette théorie dans un ouvrage controversé, intitulé *Comment le peuple juif fut inventé* (2008). Il dénie aux juifs l'appartenance à un véritable peuple avec une origine propre, le seul point commun entre les juifs n'étant que leur conversion au judaïsme à travers les âges (comment peut-on assimiler, sans quelques réserves, un ashkénaze issus de Khazars à un juif yéménite ou à un falacha d'Éthiopie ?).

Il fallait donc créer un Peuple juif afin de l'affubler ensuite d'une conscience nationale juive.

La définition du juif devra concilier par ailleurs les origines laïques du sionisme et le judaïsme en Israël. Elle ne sera fixée que par la *loi du retour* modifiée de 1970 : « *Pour les besoin de la présente loi, est considéré comme juif, celui qui est né de mère juive ou qui s'est converti au judaïsme et n'appartient pas à une autre religion* » (on note qu'un juif par la seule mère était au contraire un *mischling* pour les nazis…). Rien n'indique d'ailleurs les critères de judéité de la mère. Cette définition conciliatrice ne prend d'ailleurs pas en compte la reconnaissance individuelle d'une personne quant à son appartenance à la nation juive d'Israël, ce qui limite sa pertinence. Pourtant cette appartenance relève plus d'une intentionnalité, d'une conscience nationale juive. Le congrès sioniste avait d'ailleurs la prétention de rassembler une nation au sein d'une communauté politique avant même d'avoir un territoire étatique, comme en témoigne le *programme de Bâle* (1897) qui avait pour objectif « *le renforcement du sentiment juif, et de la conscience juive* » .

Mais comment l'état juif a-t-il pu s'établir alors que la conscience nationale juive n'était guère une évidence ? Au-delà des encouragements des gouvernements occidentaux à l'émigration juive, on peut soutenir que la tragédie de la Shoah fera prendre conscience aux juifs que leur sort ne peut se déterminer que par un retour en *Eretz Israël*. Ces événements vont incidemment créer la nation juive, désireuse de se rassembler dans un état propre : le sionisme politique deviendra le projet légitime. Aussi étonnement que cela puisse paraitre, Hitler sera malgré lui l'artisan majeur de la création d'Israël.

Observations – Dans le cadre de l'établissement des juifs en Palestine, les sionistes n'ont traité qu'avec le pouvoir central ottoman (développement des colonies juives), puis les anglais (certains groupuscules ont ensuite combattus les anglais par la force), sans tenir compte des aspirations des populations locales, majoritairement arabes. Cette absence de considérations est sans contestes l'un des facteurs de l'impulsion et du dynamisme d'un nationalisme arabe dans la région, en opposition au sionisme. Les méthodes peu consensuelles employées par les bâtisseurs d'Israël expliquent aujourd'hui les contestations arabes et musulmanes au Moyen-Orient, au-delà du seul litige relatif aux frontières de ces pays.

Une fois le bastion d'Israël édifié en 1948, chaque communauté juive a pourtant gardé ses attaches (bien que la quasi-totalité des juifs d'Irak, d'Iran et du Yémen ait migré dès la création de l'Etat afin de fuir leur condition peu enviable dans ces pays). Aussi, nous noterons, qu'aujourd'hui (comme autrefois), la diaspora est plus nombreuse que les juifs israéliens établis en Palestine. Certains mouvements de pensée, dit « diasporistes », soutenaient d'ailleurs que la dispersion était l'essence même du peuple juif et que la création d'Israël mettait fin à cette vie d'exil. L'Etat d'Israël, « foyer national juif », n'est donc pas devenu la terre d'accueil naturelle des juifs dans les faits. Ce postulat discrédite vigoureusement les thèses des premiers fondateurs sionistes. Sans refuser le sionisme dans son principe, une majorité de juifs ont préféré conserver le modèle de l'intégration, notamment parmi les nations d'Occident (lire à ce propos l'étude de Pew Research Center « A portrait of jewish americans », 2013).

Courte incise sur la question de l'antisionisme – Il ne s'agit pas là d'un phénomène nouveau, loin de là. De toute inspiration et toute tendance, l'antisionisme n'est en rien une spécificité du nationalisme arabe, du croissant chiite ou de la communauté *Haredim*. Des mouvances chrétiennes catholiques comme protestantes, marxistes, d'extrême droite, panarabes, panislamiques ou encore tiers-mondistes, ont développées des discours antisionistes, certes parfois teintés d'antisémitisme. Cela a eu pour effet de brouiller l'analyse et d'offrir aux promoteurs du sionisme l'argument fallacieux mais cinglant de l'antisémitisme des opposants à leurs thèses. Les antisionistes étant bien sûr « négationnistes ». Un mélange des genres dangereux mais efficace.

Dans un autre registre et contre des détracteurs plus éclairés, les défenseurs du sionisme assimilent l'antisionisme à la négation du droit naturel d'autodétermination du peuple juif. Ceux-ci arguent du fait que beaucoup d'Etats autres qu'Israël, ont pu acquérir leur autonomie de façon tout-à-fait artificielle, au gré des découpages territoriaux postcoloniaux, mais sans que leur soit dénié le droit d'exister.

En réalité, c'est un droit que peu dénient aux juifs. Israël ne s'est formé comme aucun des anciens pays colonisés (sauf peut-être le Pakistan qui a été basé sur l'idéologie d'Ali Jinnah visant à créer un pays pour les musulmans de l'ancien empire britannique des Indes). Si les hébreux locaux pouvaient, à juste titre, et tout comme les arabes de Palestine, faire valoir quelques revendications sur la Terre Sainte, cela n'était pas un dû pour tous les migrants venus des quatre coins de la Terre au seul motif qu'ils étaient juifs ou prétendaient l'être. Les antisionistes de notre temps dénient simplement un prétendu « droit absolu et inconditionnel » des juifs internationaux de s'établir en Palestine, qui plus est au détriment des palestiniens arabes expulsés de leurs maisons. Ce n'est donc pas un droit d'autodétermination qui leur est contesté, mais simplement un droit d'occupation sans justice d'une Terre déjà habitée (par les juifs locaux et les arabes).

L'antisionisme se résume aussi et le plus souvent en une opposition virulente à la politique menée par Israël, incontestablement critiquable ; mais cette position ne permet pas pour autant de critiquer efficacement le sionisme politique dans sa conception et sa matérialisation à notre sens. L'arrogance d'Israël révèle pour le moins une évolution du sionisme originel.

Evolution du sionisme – A notre sens, le sionisme d'aujourd'hui, qui est devenu le leitmotiv de la conscience juive, n'a plus la même nature qu'à l'origine. L'effigie de cette idéologie s'est désolidarisée de son socle conceptuel originel, cimentée par les penseurs sionistes. En effet, le sionisme ne devait son existence qu'en l'espérance de la réalisation d'un fait matériel : la création d'un Etat-foyer pour les juifs afin de les garder de l'oppression des groupes dominants affiliés eux à un Etat. Une fois cet objectif réalisé, le sionisme perdait sa raison d'être, car le nouvel Etat juif devait légitimer la nation juive aux yeux du monde afin que cesse cette oppression.

Le sionisme laïc des origines, évoluera suite à la guerre des 6 jours de 1967 qui permettra à Israël de faire main basse sur Jérusalem. La célèbre mosquée d'Al Aqsa deviendra pour le Monde musulman l'icône de l'usurpation de la Palestine par les sionistes, complices des impérialistes américains. Des mouvements sionistes religieux comme nationalistes esquisseront la création du grand Israël et exacerberont ces discours populistes en pointant du doigt la « menace » des peuples arabo-musulmans. Cette tendance ne désemplira pas dans le contexte d'instrumentalisations religieuses des années 80. L'Amérique de Reagan, l'Iran de Khomeiny et l'Irak de Saddam joueront notamment de ces cartes lors de cette période trouble.

Le sionisme qui a fondé l'Etat d'Israël ne peut donc survivre que dans le cas où les juifs restent l'icône d'un peuple opprimé. C'est donc sous l'étendard de la Shoah, qui est devenue une véritable affiche marketing, que les partisans du sionisme moderne tournent la manivelle d'une machine aujourd'hui rouillée. L'erreur de conception manifeste d'Israël, qui a fait monter les contestations arabes et provoqué les interventions syriennes et Egyptiennes a aussi fait perdurer l'image d'un peuple martyr et d'un Moyen-Orient oppresseur. Il est cependant difficile de soutenir aujourd'hui qu'Israël est un état injustement agréssé lorsque celui-ci humilie par la force les armées arabes, commet d'affreuses exactions sur des civils, et asphyxie Gaza…

En France, pays où l'intégration des juifs est une réussite, les lobbies juifs (tels que le CRIF) instrumentalisent quelques actes terroriste commis sur le territoire (touchant toutes catégories de français !), afin de faire croire à un climat d'antisémitisme latent. Nous pensons que cette stratégie de communication n'a d'autre but que de pousser les français juifs à pratiquer leur *Aliyah* vers Israël (les campagnes de promotions fleurissent), afin de contrer une démographie arabe prolifique, qui pourrait à terme faire perdre le caractère « juif » de cet Etat. Un vol de capital humain que la France ne cherche pas à enrayer avec vigueur...

Le sionisme est donc devenu un mouvement basé sur une volonté de « survie » de l'Etat d'Israël, face à des menaces – supposées – de toute part, que l'on peut nommer « néo-sionisme ». Ce discours pro-droite israélienne en somme, est largement diffusé par le politique français aujourd'hui (sauf une partie de la « vraie » gauche et une partie de l'extrême droite). Les parties populistes européens – FN, UKIP, PVV (à l'exception du JOBBIK hongrois) – se revendiquent largement sionistes et défendent une prétendue alliance judéo-chrétienne face à une menace mondiale : l'Islam. Développer un discours communautaire afin de combattre un autre discours communautaire : nous sommes en plein dans une manigance politique de mauvais goût.

Notons qu'à ce « néo-sionisme », s'oppose un mouvement dit « post-sioniste » développé par des historiens israéliens et considérant qu'Israël est devenu un fait incontournable, dont l'existence n'est plus remise en question, contrairement à la thèse officielle de l'État en danger permanent. Aussi, ils militent pour l'instauration d'une paix durable avec les états voisins et la reconnaissance de l'état palestinien par Israël.

Le « néo-sionisme », arme de contrainte internationale – Aujourd'hui la donne a changé et aucune force militaire du Moyen-Orient ne pourrait intervenir sans essuyer un sérieux revers. Le gouvernement israélien, la plupart des états occidentaux et certaines presses développent l'idée de la « menace » d'un Iran nucléaire, un ennemi utile afin de faire oublier la colonisation juive galopante en terre palestinienne. Le gouvernement israélien s'alimente d'antisémitisme et de la conscience lourde des Etats européens, afin de maintenir une pression constante sur l'Occident et pointer du doigt un croissant chiite toujours plus fort. Mais cette stratégie est également un cache-misère social en Israël : faire planer le risque d'une agression imminente afin de raviver les consciences nationales juives, permet de faire oublier les problèmes sociétaux auprès des « indignés » israéliens.

Les Israéliens qui ne peuvent de toute façon en aucun cas se jeter dans un conflit frontal contre l'ennemi iranien, comptent sur le soutien d'une Amérique éreintée par plus d'une décennie de guerre contre le terrorisme islamiste. Notons de plus que les États-Unis gardent aujourd'hui quelques distances avec les provocations du gouvernement Netanyahu à l'encontre du régime des mollahs, que l'on ne peut en aucun cas sous-estimer.

D'ailleurs, le soutien américain quasi-total aux politiques belliqueuses israéliennes est à notre sens contraire aux intérêts souverains des USA, bien que l'administration d'Obama ait aujourd'hui une stratégie moyen-orientale – très relativement – multipolaire. En principe, nous remarquerons qu'au plan international, un Etat n'élabore une politique que si elle lui apporte, directement ou indirectement des plus-values d'ordre divers (économique, prestige, force), la protection des valeurs démocratiques n'étant souvent qu'un confortable accompagnement légitimiste. Or soutenir Israël au détriment des Etats frontaliers musulmans, sans aucun tempéraments comme le ferait d'autres états, n'apporte pas réellement d'avantages à Washington, mais plutôt une vive hostilité au Moyen-Orient (sauf à soutenir qu'Israël est l'un des « furets » régionaux des USA, tel que le soutenait Robbin Laird).

La politique d'Israël, qui est devenu un «néo-sionisme » aux relents de messianisme, soutenue par le lobby juif aux USA, lui-même appuyé par des congrégations chrétiennes puissantes, pèse un poids important dans la politique étrangère américaine. Il existe bel et bien une mystérieuse alliance de juifs et de chrétiens (protestants) visant à maintenir un foyer national juif en Palestine et dont la capitale serait Jérusalem : simple stratégie géopolitique ou réel dessein mystique ? En tout cas, l'influence réelle de ces groupes néo-sionistes en Amérique est incontestable.

Le sionisme idéologique d'autrefois n'est plus, le sionisme d'aujourd'hui est une arme politique au service des intérêts d'un Etat ; c'est adopter une position pro-israélienne en toute circonstance : un nationalisme exacerbé, comme tous les autres.

Jean de Covard

Le retour à l'étalon or ? (7 juin 2015)

A l'orée des crises économiques et monétaires, une des théories monétaires hétérodoxes qui se trouvent des adeptes chevronnés est celle qui prône le retour à l'étalon-or. C'est cette théorie que je me propose d'examiner dans cet article.

1)   L'étalon-or (Gold Standard)

L'étalon-or (Gold Standard) implique qu'à toute monnaie doit obligatoirement correspondre une certaine quantité d'or. Un petit retour historique est d'abord nécessaire, c'est pourquoi je vais débuter mon analyse en partant de la crise de 1929. On peut trouver à cette dernière deux causes principales :

☐ L'instauration de l'étalon-or. Ou plus précisément le passage du bimétallisme au monométallisme qui consista en l'abandon de l'étalon-argent au profit du seul étalon-or. Ceci a eu pour conséquence de conduire à une diminution de la base monétaire et donc à une contraction de la demande globale propice à un engrenage déflationniste.

☐ La thésaurisation de l'or par les États-Unis qui contrôlaient à cette période une très forte majorité des réserves d'or mondiales. Ce fait n'aurait pas découlé sur une crise, qui s'est déroulé jusqu'à atteindre l'ampleur dramatique qu'on lui connaît, si les américains avaient choisi de monétiser l'or qu'ils possédaient (ce qui ne fut pas fait dans un désir de lutte contre l'inflation) et n'avaient pas voulu coûte que coûte maintenir une balance commercial excédentaire. Car ils ont alors plongé les autres pays dans la rareté monétaire tout en refusant d'absorber les productions de ces derniers afin de soutenir leur activité. Il est à noter que cette situation rappelle grandement, à notre malheur hélas, la politique que mène actuellement l'Allemagne vis-à-vis de ses partenaires au sein de la zone euro (mais je ne traiterais pas ici de ce sujet qui sera sans doute l'objet d'un prochain article). Sans cette attitude que nous qualifierons d'égoïste de la part des États-Unis, l'or qu'ils détenaient aurait été mécaniquement redistribué au reste du monde par le jeu des échanges commerciaux internationaux et aurait relancé l'économie.

2) L'étalon change-or (Gold Exchange Standard)

Au regard de la Grande Crise et du cataclysme de la Seconde Guerre mondial qui en a suivi, les Accords de Bretton Woods de 1944 établissent l'étalon change-or (Gold Exchange Standard) qui fonctionne de la manière suivante : le dollar est la seule monnaie convertible à taux fixe avec l'or et les autres monnaies nationales sont indexées sur le dollar. Ce système se justifie en ce qu'il permettait aux stocks d'or (qui avaient été démonétisés par le Presidential Executive Order 6102) conservés par les États-Unis de se répandre dans l'ensemble de l'économie mondiale. A cet égard, les Accord de Bretton Woods ont bien atteint leur objectif puisque les réserves d'or contrôlés Outre-Atlantique passent de 21 700 tonnes en 1944 à seulement 3900 tonnes en 1971, ce qui correspond précisément à la période dite des « Trente Glorieuses ».

Mais cette réussite entraîne la remise en cause de l'étalon change-or car la majorité des réserves d'or échappant à la mainmise des États-Unis, ceux-ci se retrouvent de plus en plus dans l'impossibilité de garantir la parité entre le dollar et l'or. Ce qui entraîne certains, comme le Général De Gaulle, à contester le fait que le dollar soit la seule monnaie convertible en or. A ce propos, beaucoup des partisans contemporains du retour à l'étalon-or font une confusion dans la mesure où ils souhaiteraient sortir du système de changes flottants dans lequel nous vivons aujourd'hui afin de revenir à une application des Accords de Bretton Woods de 1944. Pour appuyer leur argumentation, ils citent parfois le discours de De Gaulle du 4 février 1965. Or l'étalon change-or ne prendra fin qu'en 1971 ! Autrement dit, De Gaulle parlait encore à ce moment-là sous l'empire du règne de l'étalon change-or ; et ce qu'il visait c'était justement une sortie du Gold Exchange Standard pour un retour au Gold Standard, c'est-à-dire au régime qui existait jusqu'en 1914. En réalité, ce que le Général vilipendait à travers l'étalon change-or c'était le privilège (déjà) accordé à cette époque au billet vert et qui concédait aux américains la possibilité de s'endetter sans contrepartie vis-à-vis du reste du monde. On comprend dans cette optique qu'un retour à l'étalon-or autorisant également les autres pays à échanger leurs monnaies contre de l'or aurait mis un terme à la domination monétaire mondiale des États-Unis. Pour appréhender le sens de ce que disait le Général De Gaulle, il est essentiel de replacer ses paroles dans le contexte dans lequel elles ont été prononcées et de saisir que ce qu'il cherchait c'était de mettre à bas l'impérialisme américain.

3)   L'étalon-dollar

Les États-Unis n'ayant plus suffisamment d'or en réserve pour garantir la convertibilité à taux fixe, le président Richard Nixon décida en 1971 de détacher le dollar de l'or. Mais ce changement majeur de régime n'est pas allé dans la direction d'un rééquilibrage de l'ordre monétaire international comme De Gaulle l'espérait. Bien au contraire puisque le dollar est alors devenu la monnaie de réserve remplaçant l'or. Événement inédit dans l'Histoire : pour la première fois, une monnaie nationale est aussi la monnaie du reste du monde. Concrètement, cela revient à poser ni plus ni moins que les américains peuvent tout acheter avec de l'argent-papier qu'ils créent ex nihilo ! Ce privilège exorbitant ne fut reconnu à personne d'autre avant eux et les hisse au rang de premier empire de la dette. Là où tous les empires qui les ont précédés étaient des empires créanciers exigeant le paiement d'un tribut aux territoires conquis, eux exercent leur domination par un endettement potentiellement illimité.

Le billet vert inondant le monde entier, il en résulte que les crises monétaires et financières nationales américaines se transforment en crises susceptibles d'affecter les autres États. A ce titre, la crise des « subprimes » de 2008 se doit d'être considérée comme une crise typique de l'hégémonie exercée par les États-Unis et dont les origines sont :

☐ La désindustrialisation du pays qui fait des américains un peuple vivant à crédit (structurellement non-remboursable) ;

☐ La hausse conjoncturelle du taux directeur, qui s'est répercutée sur les taux d'intérêt des banques privées dans le secteur de l'immobilier, de la part la Réserve fédérale ayant pour but d'enrayer la dépréciation inéluctable du dollar.

4) Le retour à un étalon-or ?

A l'étude de ces éléments, la question qui se pose est : un retour vers l'étalon-or est-il souhaitable et constitue-t-il une solution envisageable ? A cette interrogation, j'y répondrais par la négative. D'abord parce qu'on ne voit pas comment les États-Unis pourraient désormais accepter un tel système étant donné la surabondance des émissions de dollars, ou des pays comme l'Allemagne au regard du trop peu d'or qu'ils ont en réserve. Ensuite parce qu'outre les problèmes de rareté monétaire qui ne manqueront pas de se poser comme par le passé par la restauration de la loi d'airain de la monnaie, l'étalon-or empêche de pratiquer des dévaluations permettant d'atténuer les différences de compétitivité entre les économies. Le schéma étant qu'il faut avoir de l'or en réserve pour créer de la monnaie et qu'il faut créer de la monnaie pour pouvoir acquérir des stocks d'or, il ne peut y avoir de décrochage significatif des monnaies par rapport à l'étalon de référence. Lest États se trouveraient pour ainsi dire entravés dans la maîtrise de leur propre monnaie.

Il faut remarquer que des systèmes de « peg », c'est-à-dire de parité pure ou faiblement ajustable entre les monnaies ont existé dans l'histoire récente. L'exemple que nous devons retenir est celui du peso argentin d'avec le dollar américain entre 1991 et 2002 et qui a conduit à l'immense crise qu'a vécu l'Argentine entre 1998 et 2002. Ce souvenir nous suffit à conclure qu'un retour à l'étalon-or doit être exclu.

Tan-Toan NGUYEN

Dans l'hiver ukrainien (14 juin 2015)

1 – Un rappel des faits

Pour comprendre la crise ukrainienne, il est utile de lire ce qu'un géostratège américain comme Zbigniew Brzezinski, dès 1997 dans son fameux ouvrage Le Grand Échiquier, disait de l'Ukraine, à savoir que ce pays serait le marchepied de la Russie vers la reconstitution de son empire et que par conséquent il est un impératif pour les américains de soustraire ce satellite à l'influence du Kremlin. On saisit dès lors l'enjeu majeur que représente l'Ukraine pour les États-Unis. Du côté de l'Union européenne, on relèvera l'attitude des allemands dans l'entretien et l'accroissement des tensions. Rappelons qu'au départ, le conflit a débuté par la volonté que les européens avaient d'ingérer l'Ukraine par un accord de libre-échange. Pour l'Allemagne, l'intérêt de ce dernier était de lui permettre d'étendre encore davantage son Hinterland et de pouvoir agrandir sa base de main d'œuvre à bas coût salarial puisque son économie est organisée de telle sorte qu'elle fait sous-traiter dans les pays de l'Est la fabrication des pièces qu'elle importe ensuite pour les assembler chez elle dans ses usines.

Mais l'accord en question fut finalement refusé par le président ukrainien alors en place, Viktor Ianoukovitch, sans doute sous la pression russe. S'en est suivie une grande manifestation de contestation pro-occidentale, dite manifestation de Maïdan, qui a fini par déboucher sur le renversement du régime en place. Il est intéressant de remarquer que cette révolution, car il faut bien l'appeler ainsi, a été encadrée pour partie par des groupes néonazis ukrainiens. Ainsi la politique étrangère des élites américaines et de l'Union européenne consiste-t-elle à s'allier avec des extrémistes dans toutes les régions où ils entendent intervenir, que ce soit les fondamentalistes musulmans au Moyen-Orient ou bien l'extrême-droite en Ukraine. Et ce sont ces mêmes élites qui vont fustiger dans les discours le fondamentalisme religieux et le fascisme.

Vladimir Poutine profita du désordre institutionnel et constitutionnel qui se mit à régner en

Ukraine pour rattacher la Crimée à la Russie. Au-delà des questions de droit international de savoir quel principe il faut faire prévaloir, celui d'intangibilité des frontières ou celui du droit des peuples à disposer d'eux-mêmes, il est nécessaire de souligner que la Crimée est culturellement, anthropologiquement, linguistiquement russe, et n'a été raccrochée à l'Ukraine qu'en 1954 par une décision totalement arbitraire du dirigeant soviétique de l'époque Nikita Khrouchtchev (1).

Face à la déroute militaire de l'armée de Kiev, Angela Merkel et François Hollande se sont empressés d'aller rencontrer Vladimir Poutine afin de signer les accords dits de Minsk I et Minsk II (2) que les médias occidentaux nous présentent comme des accords de cessez-le-feu alors qu'il s'agit en réalité purement et simplement d'accords de reddition. Il semblerait que l'Union européenne n'accepte la paix que par la défaite des armes (3). Les États-Unis, quant-à-eux, formuleront le souhait de poursuivre les combats et pour ce faire de fournir à Kiev, en plus de leurs « conseillers militaires », des armes supplémentaires.

2 – La situation présente

Mais les accords de Minsk sont en train, dans les faits, d'être rompus tandis que des heurts de plus en plus importants ont lieu entre les forces de Kiev et les séparatistes.

En effet, dans l'Ukraine de l'ouest, les groupuscules néonazis, qui avaient déjà été parties prenantes lors de la révolution de Maidan, aveuglés par leur haine antirusse, veulent reprendre les hostilités. A cet égard, il faut également préciser que le gouvernement de Kiev lui-même adopte une attitude pour le moins belliqueuse et ne fait rien pour apaiser les tensions qui existent. Du côté de ceux qu'on appelle les insurgés, beaucoup souhaitent une reprise des combats car ils connaissent leur supériorité militaire par rapport à l'armée de Kiev et regrettent que Moscou, en leur imposant un cessez-le-feu par les accords de Minsk, ne leur ait pas laissé davantage en profiter.

La question à l'heure actuelle n'est pas en réalité de savoir si Vladimir Poutine a ou non la volonté d'annexer les régions de Donetszk et de Lougansk comme il l'a fait avec la Crimée, mais de savoir s'il pourra à terme résister à la dynamique de rattachement du Donbass à la Fédération de Russie. La solution qui avait été envisagée pour résoudre le conflit, celle d'une fédéralisation de l'Ukraine, c'est-à-dire, au nom du principe de droit international d'intangibilité des frontières, de préserver l'intégralité territoriale de l'Ukraine et d'accorder concomitamment une plus grande autonomie aux régions russophones, paraît de plus en plus inapplicable tant un fossé de sang immense s'élève désormais à cause de la guerre civile qui rend difficile la cohabitation entre les ukrainiens de l'ouest et ceux de l'est au sein d'un même pays. Ainsi, la volonté des ukrainiens de se séparer est particulièrement significative quand le gouvernement de Kiev prend la décision de ne plus verser les pensions et les retraites à la population du Donbass, et aussi quand cette dernière utilise de plus en plus le Rouble russe au détriment de la Hryvnia, la monnaie ukrainienne.

Il n'est à pas douter que si demain l'Ukraine éclate, les médias occidentaux ne manqueront pas d'accuser le président russe, alors qu'à l'examen des faits, il apparaît que la responsabilité, le cas échéant, reviendrait bien davantage aux États-Unis et à l'Union européenne.

Tan-Toan Nguyen

---

(1)   Mathilde Gérard, « D'un simple décret, Khrouchtchev fit don de la Crimée à l'Ukraine en 1954 », *Le Monde*, 15 mars 2014.

(2)   Isabelle Lasserre, « L'accord de paix de «Minsk 2», entre espoir et doute », *Le Figaro*, 12 février 2015.

(3)   Tan-Toan Nguyen, « La réalité sur l'Union européenne », 15 février 2015.

Du simulacre du système monétaire (21 juin 2015)

La vulgarisation du terme « endettement » devrait conduire à se demander ce que cela signifie réellement. En se penchant sur la question on se rend alors à l'évidence de toute la malhonnêteté qui se cache derrière son fonctionnement. L'asservissement qu'il produit est indéniable et n'existe que grâce à un système monétaire pervers et dominateur qui mérite d'être étudié.

1- La question de la création monétaire aujourd'hui.

John Kenneth Galbraith conseiller économique auprès de l'ancien président des États-Unis Kennedy assurait que « le processus par lequel les banquiers créent l'argent est si simple que l'esprit résiste à y croire ». Voyons ce qu'il en est effectivement.

Il faut savoir que 95% de l'argent en circulation, que nous utilisons au quotidien -dite monnaie scripturale- est créé uniquement en étant tapé sur les claviers d'ordinateurs des banques. Les pièces et les billets que l'on détient dans nos portes monnaie –dite monnaie fiduciaire- représentent seulement 5% de la monnaie en circulation.

Lorsqu'une personne se rend dans sa banque pour y signer un contrat de prêt cet argent n'existe en réalité pas. Il existera comme par enchantement seulement au moment où le banquier, – qui aura pris le soin d'apprécier au préalable les garanties apportées par cet emprunteur, tel qu'une reconnaissance de dette ou une hypothèque sur l'un de ses biens (maison en général) – aura tapé la somme d'argent désirée sur son clavier et cliqué sur le bouton « OK » ou « ENTRER ».

On parle ainsi d'argent créé « ex nihilo », c'est à dire crée à partir de rien. C'est là une première entorse à l'honnêteté du système monétaire actuel et particulièrement des banques : comment peuvent-elles en effet prêter ce qu'elles ne possèdent pas elles-mêmes ?

Si l'on veut être juste on ne devrait pas parler de prêt.

En accordant cet argent la banque va alors s'endetter puisque la somme allouée se retrouvera inscrite à son passif, c'est l'argent que la banque devra à « l'emprunteur » simultanément à son inscription dans la case « dépôt » du compte en banque du client. On parle d'argent dette. L'argent et la dette sont donc créés simultanément. Imaginez maintenant le nombre de personnes et d'entreprises qui se soient vu accorder un crédit bancaire et effectuent des transactions avec cet argent auprès d'autres agents qui eux-mêmes effectueront de nouvelles transactions avec cet argent-dette et ainsi de suite .Cela nous fait aisément prendre conscience que tout l'argent en circulation n'est que dette en réalité.

Ce que font les banques est donc très simple à comprendre : elles prêtent quelque chose qu'elles n'ont pas, des chiffres virtuels crées de rien, pour en toucher le double en moyenne par le mécanisme des intérêts. En effet la monnaie qui est en circulation étant intrinsèquement dette, elle est soumise à intérêt de façon permanente. Le banquier ne se permet en effet pas d'offrir ses prestations à titre gratuit, étant un entrepreneur comme un autre il recherchera le profit maximum, un gain évident à travers ses opérations. Toute la fourberie du système bancaire réside dans cet intérêt ! Pourquoi ? Parce que même ceux qui n'ont jamais contracté de « crédits » à la banque, qui ne se sont jamais endettés payent des intérêts.

La monnaie n'est plus là pour servir l'intérêt public. L'État n'a plus aucun levier d'influence sur la création monétaire .Il se cantonne scandaleusement à un simple rôle de redistribution. La création monétaire a été allouée à des personnes privées : les banquiers. Or on sait que celui qui maîtrise la création monétaire maîtrise de fait l'économie, donc la politique de l'endroit où se trouve cette monnaie.

Cet argent dette a rendu l'économie malade et conduit l'État à la faillite.

2- La « faillite » de l'État

L'État est devenu un simple client auprès des banquiers et le même processus s'applique pour lui. Pour couvrir ses dépenses l'État se finance en empruntant auprès des marchés financiers. L'ensemble des emprunts sur une année cumulés à leurs intérêts va constituer la dette.

Plus de 2000 milliards d'euros de dette, représente le montant de la dette française annoncée en fin d'année 2014. Ajoutez à cela les 45 à 50 milliards d'euros d'intérêt de la dette payés annuellement quelle que soit la croissance enregistrée. Telles sont les sommes astronomiques qui conduisent les politiques à déclarer que l'État est en faillite.

Mais gardons à l'esprit que la dette est belle est bien la conséquence d'une volonté politique. En effet l'État a délibérément abandonné son pouvoir régalien de création monétaire au profit des banques. La loi 73-7 du 3 janvier 1973 soutenu par Valérie Giscard d'Estaing alors ministre des finances français sous le mandat présidentiel de Pompidou a joué un rôle majeur en ce sens Son article 25 interdit en effet expressément à la Banque de France de faire crédit à l'État, le condamnant à se tourner vers des banques privées et à payer des intérêts. Auparavant quand l'État empruntait de l'argent il le faisait auprès de la banque de France qui lui appartenait et qui lui prêtait donc sans intérêt. Il avait donc le pouvoir effectif de battre monnaie.

Or on imagine aisément que les banques n'auront pas pour objectif de servir les intérêts collectifs comme le ferait l'État mais chercheront à satisfaire leurs actionnaires comme tout groupe commercial ou industriel.

Le peuple censé être souverain n'a absolument pas eu son mot à dire là-dessus. La démocratie s'en retrouve directement et fortement affaiblie voire inexistante puisque les décisions concernant la monnaie sont prises par des instances supranationales telle que le FMI, la BCE, la Banque Mondiale donc par des individus indépendants et soumis à aucun contrôle.

Comment se fait-il que personne ne remettent en question un système monétaire aussi insensé ? Celui-ci est bien le premier responsable des conséquences désastreuses dans notre société et notre économie.

Mohamed Chouker

L'effroyable réalité du chômage (29 juin 2015)

« Le nombre de demandeurs d'emploi a de nouveau fortement augmenté au mois de mai 2015. Atteignant un nouveau record, ils étaient alors fraîchement recensés à 3 552 200. »

Penchons-nous sur la signification d'une telle affirmation à travers une étude qui ne se veut pas être une analyse technique à proprement parler du chômage avec les différentes théories économiques qui essaient de l'expliquer. Ici nous nous contenterons de dévoiler la réalité des chiffres du chômage et la cause profonde qui explique ce phénomène.

1-De l'imposture des chiffres officiels du chômage

Les chômeurs dont on parle dans les médias ne représentent en fait qu'une partie des chômeurs. Il s'agit en effet uniquement de ceux inscrits en catégorie A. Pour être comptabilisé dans les statistiques officielles il faut remplir des conditions bien précises. Il faut ainsi être inscrit au pôle emploi, effectuer des actes positifs de recherche d'emploi et être sans emploi.

Il existe au totale 5 catégories de chômeurs (1). Seuls ceux de la catégorie A sont dénombrés quand les médias rapportent les chiffres du chômage. Les statistiques officielles du chômage sont en fait l'arbre qui cache la forêt. Les quatre autres catégories dissimulent le véritable nombre de chômeurs.

En catégorie B sont rangées les personnes inscrites en tant que demandeurs d'emploi, tenus d'effectuer des actes positifs de recherche, mais ayant exercées moins de 78 heures d'emploi au cours du mois. Donc si les personnes de la catégorie B ont effectué ne serait-ce que quelques heures de travail dans le mois, une mission intérim de quelques jours par exemple, et qu'elles sont toujours sans emploi et inscrites en tant que chômeurs, elles ne compteront plus dans les statistiques du chômage.

En catégorie C se trouve les personnes inscrites au pôle emploi, recherchant de façon positive un emploi, mais ayant effectué plus de 78 heures de travail durant le mois. Même hypocrisie que pour la catégorie B : il suffit d'un CDD de 15 jours seulement pour sortir de la liste des demandeurs d'emploi des chiffres officiels.

Les demandeurs d'emploi inscrits en catégorie D sont les personnes en stage ou en formation.

Enfin la catégorie E regroupe toutes les personnes en contrats aidés. Ces personnes occupent un emploi, mais jamais à temps complet et leur contrat ne peut excéder un an maximum. Il s'agit en réalité de tous les petits emplois précaires de 20 à 25 heures par semaine. Ils se comptabilisent par centaines de milliers.

Les personnes inscrites en tant que chômeuses peuvent être basculées d'une catégorie à l'autre sans en être informé par le conseiller pôle emploi. Parmi les chiffres du chômage ne figurent pas non plus les bénéficiaires du RSA. Leur nombre s'élève à environ 2 millions aujourd'hui. De même les jeunes n'ayant pas travaillé suffisamment pour s'ouvrir des droits aux allocations chômage ne figurent pas dans les statistiques du chômage.

Les chiffres officiels des chômeurs constituent donc une véritable tromperie, et ne reflètent en aucun cas l'état du marché de l'emploi.

En réalité lorsqu'on annonce un taux de chômage de 10%, on néglige délibérément une bonne partie des chômeurs. Si une comptabilité honnête était médiatisée on avoisinerait facilement un taux de chômage de 20 à 25% de la population active. La réalité du marché du travail en France et toute la précarité et la misère sociale qui l'accompagnent scandaleusement sont dissimulées au grand public qui est ainsi maintenu dans son ignorance .

Face à un ce paysage catastrophique les hommes politiques français semblent bien indifférents.

2- De l'indifférence intégrale à l'impuissance inavouée des élites politiques françaises

Promesse symbolique de François Hollande lors de son élection présidentielle, l'inversion de la courbe du chômage prévu pour 2013, reste à ce jour une pure illusion. En octobre 2014, Rebsamen, ministre français du Travail reconnaissait que « le gouvernement était en échec » sur la question.

Une sorte de résignation s'est même installée si l'on en croit le chef du gouvernement, Valls, qui déclarait en janvier 2015 « qu'il ne fallait pas s'attendre à des miracles en matière de chômage »

Avec de telles déclarations on devrait s'attendre à ce que le gouvernement fasse de la lutte contre le chômage une priorité. Il n'en est rien et les derniers chiffres en date – mai 2015- appuient davantage ce cuisant échec du gouvernement. Malgré ça le ministre du Travail, Rebsamen, s'est de nouveau contenté « d'assurer qu'il y aura une baisse effective du chômage en fin 2015 ». Vous l'aurez compris, les promesses n'engagent que ceux qui y croient et sont faites simplement pour empêcher d'éventuelles protestations populaires.

Il faut bien garder à l'esprit que le chômage n'est pas quelque chose de naturel qui arrive accidentellement dans l'économie .C'est au contraire quelque chose d'intimement lié à l'ultra libéralisme. Or depuis plus de 20 ans les élites politiques nous rabâche le même discours : les chiffres du chômage sont liés à un manque de flexibilité, en conséquence plus de précarité a sans cesse était préconisé, les licenciements facilités, les coûts du travail et les coûts aux entreprises réduit. Forcé de constater que malgré toutes ces mesures on n'est parvenu à aucun résultat. Bien au contraire on est arrivé à des salaires et des niveaux de vie de tiers-mondiste.

La dernière solution proposée par le gouvernement socialiste pour lutter contre le chômage se trouve être la loi Macron (2) .Cette loi dérégulera encore davantage le marché de l'emploi. Pour ça elle prévoit de banaliser le travail le dimanche et le travail de nuit au bon vouloir de l'entreprise, le salarié n'ayant plus son mot à dire. Elle prévoit également de faciliter les mesures de licenciement sans indemnité, la suppression du droit pénal du travail, et même du droit du travail à terme avec la disparition progressive du contrat de travail, la fin des tribunaux de prud'homme. Or la dérégulation mène inévitablement à l'accroissement du nombre de chômeurs. La dernière solution du gouvernement sera en fait une véritable loi de chômage.

Il s'agit d'un simple mensonge éhonté de plus témoignant en réalité d'une impuissance à endiguer le chômage. En effet les causes de ce phénomène sont bien plus profondes. Il convient de les identifier clairement.

3- Du carcan européen comme cause profonde du chômage en France

En réalité ce que les citoyens ne savent pas c'est que le gouvernement n'a pas le pouvoir d'inverser la courbe du chômage. Le Président de la République, le 1er ministre ou le ministre de l'économie n'ont aucun levier d'action sur les orientations de la politique nationale et ce dans tous les domaines. Cela est clairement inscrit dans le traité sur le fonctionnement de l'Union européenne (TFUE) ratifié par la France.

En effet l'Union Européenne est titulaire d'une compétence exclusive dans des domaines stratégiques expressément énumérés dans l'article 3 du traité sur le fonctionnement de l'UE. C'est le cas en matière de politique monétaire pour les États utilisant comme monnaie l'euro. Ainsi toutes les grandes orientations de politique économique à l'origine de la croissance, de l'emploi et du chômage qui touchent quotidiennement les français sont exclusivement décidées au niveau de l'Europe. L'article 5 du traité sur le fonctionnement de l'UE vient consolider cette exclusivité en matière de politique de l'emploi et politique monétaire des États membres. De même l'Union Européenne dispose d'une compétence exclusive en matière d'union douanière et de politique commerciale commune. Ici la question des délocalisations qui en découle ne dépend donc pas des élus nationaux quels qu'ils soient. Les français se font donc totalement enfumer sur ces questions. Le peuple français lui-même n'a aucun mot à dire sur les orientations qui sont décidées pour lui par l'UE. Ce qui se passe est donc simple à comprendre : les français votent, au niveau interne, pour des personnes qui n'ont aucun pouvoir. L'Union Européenne est la seule à pouvoir légiférer et adopter des actes contraignants dans les domaines où l'État devrait avoir une souveraineté absolue et sans partage. Le rôle de l'État français, à l'instar des autres États membres, se limite donc seulement à appliquer les actes décidés par l'UE.

La seule façon de voir un jour la courbe du chômage en France s'inverser serait de sortir de ce carcan qu'est l'Union Européenne et de récupérer sa pleine souveraineté sur les questions de politique économique, monétaire, budgétaire, douanière.

Combien de temps encore les français vont-ils passer à souffrir avant de se décider à agir sur la source de leurs problèmes ?

Mohamed Chouker

---

(1)   Voir le site de Pôle Emploi

(1)   Tan-Toan NGUYEN, « Balayons la loi macron », 2 avril 2015.

Après la réussite des manif' du 11 janvier 2015,
Hollande émule la solution contre le Chômage :

TABLE DES MATIERES

Toutes les analyses sont dans l'ordre chronologique de janvier à juin 2015

Auteurs : Tan-Toan Nguyen, Mohamed Chouker, Jean de Covard

Info-Débats n°1

Janvier-Juin 2015

Adresse mail : infodebatsID@gmail.com

Toutes nos publications : infodebats.fr

www.ingramcontent.com/pod-product-compliance
Lightning Source LLC
Chambersburg PA
CBHW071212280526
45787CB00002B/658